在時間裡，散步

walk

walk 033
有限遊戲與無限遊戲：從遊戲與變幻透視人生
Finite and Infinite Games: A Vision of Life as Play and Possibility
作者：詹姆斯・卡斯（James P. Carse）
譯者：葉家興　名詞審定：夏萲泓
責任編輯：張晁銘　校對：李亞臻
美術設計：張巖　內頁排版：陳政佑
出版者：大塊文化出版股份有限公司
台北市 105022 南京東路四段 25 號 11 樓
www.locuspublishing.com
讀者服務專線：0800-006689
TEL：(02) 87123898　FAX：(02)87123897
郵撥帳號：18955675
戶名：大塊文化出版股份有限公司
法律顧問：董安丹律師、顧慕堯律師

印務統籌：大製造股份有限公司
總經銷：大和書報圖書股份有限公司
地址：新北市新莊區五工五路 2 號
TEL：(02) 89902588　FAX：(02) 22901658

初版一刷：2024 年 6 月
定價：新台幣 320 元
ISBN：978-626-7483-01-5
Printed in Taiwan

有限與無限的遊戲

從遊戲與變幻透視人生

FINITE AND INFINITE GAMES

A Vision of Life as Play and Possibility

James P. Carse
詹姆斯・卡斯
——著

葉家興
——譯

這本書無庸置疑獻給

艾麗莎（Alisa）、基恩（Keene）與Jaime（傑米）。

目次

contents

第一章
Chapter 1

世事遊戲至少兩種

1

世事遊戲，至少兩種。一種是有限遊戲，一種是無限遊戲。

有限遊戲以取勝爲目的，無限遊戲以延續遊戲爲目的。

2

如果某個有限遊戲存在最終贏家，它就必須有個明確的結局。當有人獲勝，遊戲就結束了。

當玩家們都同意誰是贏家時，我們就知道誰贏了。要確定誰贏得了遊戲，除了參與者的共識外，沒有其他絕對必要的條件。

決定勝負時，似乎還需要觀眾或裁判的同意。但事實上，如果參與者無法就勝負達成一致共識，遊戲就沒有得出決定性的結論，也沒有滿足遊戲的初衷。即使他們被抬出場外並被強行中斷競賽，他們也不認爲遊戲已經結束。

假設參與者都同意了，但觀眾和裁判卻不同意，那又如何呢？除非能說服參與者，他們的共識是錯誤的，否則他們不會繼續遊戲，實際上他們也無法繼續。如果參與者相信遊戲已經結束，他們還會回到場上嗎？

除非參與者自由地選擇參與，否則有限遊戲就不存在。被迫參與的人，無法眞正參與遊戲。

不管是有限遊戲還是無限遊戲，都有一個永恆不變的原則：「誰參與，誰就自由地參與。誰必須參與，誰就參與不了。」

3

正如有限遊戲必須有個明確的結局一樣，它也必須有精確的開端。因此我們可以說，有限遊戲存在時間邊界，而所有參與者都必須同意這一點。此外，玩家們還必須同意建立空間和數量上的邊界。也就是說，遊戲必須在指定的區域內進行，而且必須由指定的玩家參與。

空間界限在每場有限衝突中都顯而易見，從最簡單的棋盤遊戲、球場比賽，到世界大戰皆如此。第二次世界大戰中，交戰雙方同意不轟炸海德堡和巴黎，並宣布瑞士不在衝突範圍之內。當戰爭中的一方造成不必要的過度傷害時，就會產生該方所宣稱的勝利是否合法的問題，甚至懷疑這是場戰爭，還是無端無理的暴力？美國內戰時，北方的薛曼（William Sherman）將軍從亞特蘭大一路燒殺到海邊，他是如此無視空間限制，以至於對許多人來說，北方的聯邦軍（Union Army）並不是合法贏得這場戰爭，因此戰爭也從未結束。

數量上的邊界有很多形式，但總是應用於有限遊戲。人們被選中參與有限遊戲。我們無法在必須參與的情況下參與遊戲，但同樣也無法獨自參與遊戲。因此，在所有遊戲裡我們都必須找到對手，且在多數遊戲裡還需要找到願意一起合作的隊友。不是每個人都能效力紐約洋基隊或與之對抗。同樣，未經潛在同事和競爭對手的認可，即使想靠個人選擇成爲電機技師或農藝技師也無法如願。

由於有限遊戲玩家無法自行選擇參與，所以絕不會出現無法淘汰出局的情況，其他玩家也可以拒絕與他們進行遊戲。執照並非永遠屬於有執照的人，官職也並非永遠屬於官員。

當然，數量邊界守恆保留了所有參與者就最終贏家達成共識的可能性。無論何時，只要人們可以隨心所欲進入或離開遊戲，就會在參賽者間出現混亂的局面，以致於沒有一個人能夠成爲明確的贏家。例如，誰贏了法國大革命呢？

4

擁有這樣的邊界，就意味著每場有限遊戲的日期、地點和成員資格都是外部定義的。當我們說一場特定的遊戲開始於一九三九年九月一日，我們是從世界時間的角度來說的；亦即以衝突開始前和結束後發生事情的角度看待[1]。地點、和成員也是如此。遊戲是在那個地方和與那些人一起進行的。

世界被競賽的邊界精心地標誌出來，世界上的人們被精細地劃分爲不同的資格。

5

一場有限遊戲只有一個人或一個團隊獲勝，但其他參賽者可能在比賽結束時獲得排名。並非每個人都能成爲公司總裁，不過競爭過這個職位的人，可能成爲副總裁或區域經理。

我們參加的許多遊戲並不指望獲勝，但仍然爲爭取最高的排名而競爭。

6

在某一方面，且僅有這一方面，無限遊戲與有限遊戲相同：對於無限遊戲參與者，我們也可以說，「如果他們參與，他們就自由地參與；如果他們必須參與，他們就參與不了。」

除此之外，二者的對比是極爲明顯的。

無限遊戲參與者無法說出遊戲何時開始，他們也不在乎。他們之所以不在乎，原因

1 編註：此處作者指出我們使用特定日期作為起點，是因為我們在這個時間點之前與之後，對於事情的看法和理解會有所不同，並基於事件帶來的影響來評估其他事件。

是遊戲不受時間的限制。事實上，無限遊戲的唯一目的就是防止遊戲結束，讓每個人都參與其中。

無限遊戲沒有空間或人數上的邊界。世間任何無限遊戲都不存在障礙，也不存在資格問題，因爲任何人都可以參與無限遊戲。

有限遊戲是外部定義的，而無限遊戲是內部定義的。無限遊戲的時間不是世界時間，而是在遊戲本身創造的時間。由於無限遊戲的每次進行都消除了邊界，它爲參與者打開了新的時間視野。

因此，我們不可能說一個無限遊戲已經進行了多久，也不可能說還能進行多久，因爲持續時間只能從外部來衡量。同樣，我們也不可能說一個無限遊戲是在哪個世界進行的，因爲在一個無限遊戲裡面，可以有任意多個世界存在。

7

無限遊戲裡可以進行有限遊戲，但無限遊戲不能在有限遊戲裡進行。

無限玩家將自己在任何有限遊戲裡的勝負，視爲無限遊戲裡的片刻。

8

既然有限遊戲必然被外部的時間、空間和數量所限制，那麼它們也必然在玩家彼此之間能夠做什麼有內部的限制。達成對內部限制的共識就是在建立遊戲規則。

每個有限遊戲的規則都不同。實際上，了解規則後我們才知道遊戲的本質是什麼。規則確定了對玩家的一系列限制：例如，每個玩家必須在白線後開始，或者必須在月底前支付所有債務，或者收費不能超出患者合理的負擔範圍，或者必須沿右車道行駛。最狹義論，規則不是法律；它們不指定具體的行爲，只是限制了玩家的自由，在這些限制內還是提供了相當大的選擇空間。

如果不遵守這些限制，遊戲結果將受到直接威脅。有限遊戲的規則是玩家據以同意贏家誰屬的契約條款。

9

規則必須在遊戲開始之前公開，並且玩家在遊戲開始之前必須同意這些規則。

由此帶來了一個極其重要的觀點：玩家對適用規則的同意，構成了對這些規則的最終認可和確認。

規則不是因爲參議院通過了它們，或者因爲英雄曾經遵守過它們，或者因爲上帝透過摩西或穆罕默德宣布了它們，而變得有效。它們只有在玩家自由遵守它們的時候才有效。

沒有規則要求我們遵守規則。如果有的話，就必須有一個規則來規定這些規則，以此類推。

10

如果一個有限遊戲的規則是獨有的，那麼顯而易見，規則在遊戲進行過程中是不得改變的——否則就是在進行不同的遊戲。

正是在這一點上，我們找到了有限遊戲和無限遊戲之間最關鍵的區別：無限遊戲的規則必須在遊戲過程中改變。當無限遊戲的玩家一致認爲遊戲受到有限結果（卽某些玩家的勝利和其他玩家的失敗）的威脅時，規則就會改變。

無限遊戲的規則爲防止任何人贏得遊戲，並將盡可能多的人帶入遊戲之中而改變。

如果有限遊戲的規則是「玩家可以同意誰是贏家」的契約條款，那麼無限遊戲的規則是「玩家同意遊戲繼續」的契約條款。

因此，兩種遊戲的規則具有不同的地位。無限遊戲的規則就像是一門活語言的語法，而有限遊戲的規則像是辯論的規則。在前者中，我們遵守規則是爲了繼續彼此的對話；在後者中，我們遵守規則是爲了結束另一個人的發言。

一門活語言的規則或語法總是在不斷演變，以確保對話的意義，而辯論的規則必須保持不變。

11

雖然在無限遊戲過程中，規則可以通過協議在任何時刻改變，但這並不意味著任何規則都可以改變。規則可變並不是無限遊戲之爲無限的理由。

規則始終是設計來針對遊戲繼續進行時所面臨的特定威脅。無限遊戲的玩家運用規則來管控他們被強加在遊戲內的邊界或限制。

無限遊戲的規則制定能力常常受到強大邊界的限制，例如體力耗竭、物質資源的損失、非玩家的敵意或死亡。

設計規則的課題是允許玩家在遊戲中將這些限制納入，即使死亡是其中之一。正是從這個意義上來說，遊戲是無限的。

這等於說，對無限遊戲不能加以限制。因爲限制已被納入遊戲之中，遊戲本身就不受限制。

有限遊戲的玩家在邊界內遊戲；無限遊戲的玩家與邊界共舞。

12

從理論上來看，參與有限遊戲的人是自由的，這一點很明顯。然而，在實際情況中，有限遊戲的玩家常常意識不到這種絕對自由，他們會誤以爲無論他們做什麼，都是必須去做的。造成這種情況可能有幾個原因：

——我們看到的有限遊戲玩家必須經過挑選。雖然被選中擔任律師、牛仔表演者或昆達里尼（kundalini）瑜伽師之後，沒有人強迫他們繼續擔任這些角色，但每個角色都受到規則約束和他人期望的包圍。人們感到必須保持水準以上的表現，因爲參與這些遊戲的許可權可以被取消。雖然我們不能爲所欲爲而仍是律師或瑜伽師，但除非我們樂意，我們也無法成爲律師或瑜珈師。

——由於有限遊戲是爲了贏而進行，玩家在遊戲中的每一步都是爲了勝利。一切不符合利益的行爲都不屬於遊戲的一部分。有限遊戲的玩家始終關注競爭的進展，這可能讓他們認爲自己的每一步都是必須的。

——或許會有人認爲，贏得勝利的獎品是不可或缺的，否則生活將毫無意義，甚至不堪。當然，有些遊戲的賭注似乎是攸關生死的。例如，在奴隸制度或嚴重的政治壓迫中，拒絕扮演被命令的角色可能要承受可怕的痛苦或死亡的代價。

即使在最後這種極端情況下，我們仍必須承認，無論是誰扮演被命令的角色都是自願的。當然，拒絕這種角色的代價很高，但是，有一個「代價」表明連壓迫者自己都承認，即使是最弱小的臣民也必須同意被壓迫。如果臣民是順從的傀儡或自動人偶，就不需要威脅，也不需要付出代價——這就是赫胥黎筆下的伽馬人（Gammas）[2]、奧威爾的普羅階級（Proles）[3]和恰佩克（Karel apek）的《羅森的全能機器人》（*Rossum's Universal Robots*）[4]中，對壓迫者諷刺之所在。

與無限遊戲不同，有限遊戲受到外部限制。但就像無限遊戲一樣，這些限制必須由玩家自己選擇，因爲沒有人有必要參與有限遊戲。遊戲並不強加於我們。因此，有限遊戲的所有限制，都是自我限制。

13

爲了解釋兩者之間的巨大差距，亦即有限遊戲玩家實際上擁有能夠隨時離場的自由，而他們也感受到必須留下奮鬥，可以說作爲有限遊戲的玩家，我們在某種程度上遮蔽了自己的這種自由。

在所有有限遊戲中都存在某種自我遮蔽的現象。玩家必須有意忘記他們遊戲的內在自願本質，否則所有的競爭努力都將離他們遠去。

在有限遊戲的開始階段，每個角色或位置必須以一定的認眞態度來承擔；玩家必須將自己視爲老師、輕重量級選手、母親等等。在適當地履行這些角色時，我們堅信自己就是那些角色描繪的人物。更甚者，我們使得其他人相信這些角色的存在。正如蕭伯納（George Bernard Shaw，一八五六至一九五〇，英國劇作家）所說，演戲的本質是我們不能把這個女人看作歐菲莉亞（Ophelia，莎士比亞的悲劇英雄《哈姆雷特》的情人），而是將歐菲莉亞看作這個女人。

如果女演員技藝高超到我們確實將歐菲莉亞看作這個女人，那麼我們看到的就不再是表演的情感和背誦的台詞，而是一個人眞正的感受和言語。在某種程度上，女演員不再視自己爲表演者，而是感受到自己表演的情感，並眞實地說出背熟的台詞——然而，正是因爲這些都是表演，這些言語和情感屬於角色而不屬於女演員。事實上，女演員的其中一項職業要求就是將自己與角色區分開來。她作爲一個人的感受與歐菲莉亞無關，不能將之融入角色的演出。

當然，在她的表演中，這個女人絕不會忽略自己在表演。她永遠不會忘記自己已經遮蔽了自己以扮演這個角色，她選擇暫時忘記自己是這個女人，而不是歐菲莉亞。但是，作爲觀眾，我們也不會忘記自己是觀眾。即使我們將這個女人看作歐菲莉亞，我們

---

2 編註：赫胥黎在小說《美麗新世界》中將城市人分為五種階級，伽馬人（Gammas）為平民階級。

3 編註：奧威爾小說《1984》中，故事主要發生地點的大洋國，將國民分為三種階層，普羅階級（Proles）是最底層的無產勞動者。

4 編註：捷克作家卡雷爾·恰佩克於一九二一年發表的科幻舞台劇，本作的成功，將「robot」一詞引入英語與科幻作品之中，造成深遠影響。故事中的機器人是由有機合成物製成的，大多數都快樂地服務、順從人類的指示。

從不懷疑她不是歐菲莉亞。我們與她的遮蔽保持默契。我們允許她的表演情感影響我們，可能非常強烈地影響。但我們永遠不會忘記是我們允許其如此。

所有角色都是如此。只有在自由的情況下才能扮演母親的角色。然而，承擔這個角色的人必須用適當的嚴肅態度暫時放棄自己的自由，以符合角色的要求。母親的言行和情感屬於角色，而不屬於個人——儘管有些人可能煞費苦心地遮蔽自己，以至於連自己都相信自己的表演，忽略了母親的情感與自己的情感之間區別。

這裡的問題不在於自我遮蔽是否可以避免，或甚至應該避免。事實上，沒有自我遮蔽，任何有限遊戲都不可能成立。問題是，我們是否願意放下面紗，公開承認，即使只對自己，我們已經自由選擇通過面具來面對世界。想想那位女演員，她的技巧使得歐菲莉亞看起來像她，展示了她能夠清晰地區分角色和自己的能力。當她離開舞台時，她是否可能不放棄演戲，而只是從一個角色換到另一個角色，比如「女演員」的角色——一個被精心編劇和製作的抽象人物，其公衆行爲亦是精心編寫的？我們該如何面對這樣一個事實：我們過著一種生活，卻扮演著另一種或其他角色，試圖使我們暫時的遺忘變成眞實而持久的遺忘？

這個問題的關鍵不在於戴上面具的道德問題，而是自我遮蔽是一種矛盾的行爲——自由地放下我們的自由。我不能忘記我已經遺忘了。也許我使用面紗如此成功，以至於我讓自己相信了我的表演。我可能已經說服自己就是歐菲莉亞。但是可信度永遠不足以消除自我遮蔽的矛盾性。「去相信，是讓自己知道你相信；而讓自己知道你相信，是不相信。」（To believe is to know you believe, and to know you believe is not to believe.）【沙特（Jean-Paul Sartre），公元一九〇五至一九八〇年，法國哲學家。】

如果再多的遮蔽都無法掩蓋遮蔽本身，那麼問題就在於我們的自我遮蔽要嚴肅以對到什麼地步，以及我們要在多大程度上與他人共謀遮蔽。

14

由於有限遊戲可以在無限遊戲中進行，無限玩家不會避開有限遊戲中的表演角色。相反地，他們以所有適當的能量和自我遮蔽參與有限遊戲，但他們沒有有限玩家的嚴肅性。他們以抽象的方式接受有限遊戲的抽象性質，因此是帶著玩樂的態度，而非嚴肅以對。（這裡的「抽象」一詞是根據黑格爾熟悉的定義，指的是將整體的一部分替換爲整體，而整體是「具體」的。）他們在社交往來中自由地使用面具，但不會對自己和他人隱瞞此事。因此，他們將有限遊戲中的參與者看作是正在扮演角色的人，而不是被某人扮演的角色。【黑格爾（G. W. F. Hegel），公元一七七〇至一八三一年，德國哲學家。】

嚴肅總是與角色或抽象概念相關。當我們看到穿著制服、履行職責的警察時，我們很可能會比看到他們正在換制服來得嚴肅。嚴肅總是與一個預擬好的劇本相關，這個劇本的安排在我們影響範圍之外完成。當我們選擇與他人互動，當無法提前預知彼此關係將會走向何方時——事實上，除了決定繼續關係以外，沒有人能夠對關係強加任何結果——我們就會感到歡樂。

歡樂並不意味著輕薄、輕浮或假裝什麼都不重要。相反，當我們都感到歡樂時，我們以自由人的身份互動，關係充滿了驚喜；發生的每一件事都是有意義的。事實上，正是嚴肅將自己封閉在後果之外，因爲嚴肅意味著恐懼不可預知的開放的可能性。嚴肅就是要求得出明確的結論。而歡樂則是允許開放的可能性存在，不惜代價。

然而，有一種熟悉的歡樂常與「免於後果」的情境相聯繫——無論我們做什麼（在某些限制範圍內），都不會有任何實質影響。這不是眞正在進行遊戲，而是在敷衍應付，是對社會約束的無害漠視。雖然這在無限遊戲中也存在，但它並不等同於無限遊戲。

無限玩家與他人的關係是出於自身的自由，而不是出於角色的抽象要求。他們是具體的人與具體的人之間的關係。因此，無限遊戲無法抽象化，因爲它不是整體的一部分，而是知道自己是整體的整體。我們不能說某人參與了這個或那個無限遊戲，好像遊戲規則與具體環境無關。我們只能說這些人在遊戲互動中，開始了但無法結束。

15

既然有限遊戲是爲了結束而設計，既然它的角色是爲觀衆而撰寫和表演，我們可以將有限遊戲稱爲劇場化的（theatrical）。即使劇本和情節似乎沒有提前寫好，但我們總是能夠回顧獲勝者所走的路徑，說他們確定知道如何行動和該說什麼。

既然無限遊戲的玩家避免任何終局，保持未來的開放，讓所有劇本作廢，我們將無限遊戲稱爲傳奇性的（dramatic）。

選擇成爲一個母親，是傳奇性的；扮演一個母親的角色，則是劇場化的。

16

人們在有限遊戲中遵從規則，但遊戲不僅僅是遵守規則的行爲。

有限遊戲的規則並不等同於劇本。劇本根據規則組成，但並不等同於規則。劇本是對玩家之間實際交流的記錄，無論是行爲還是言語，因此不能事先寫下來。在所有眞正的有限遊戲中，劇本是在進行過程中形成的。

這意味著在有限遊戲進行期間，遊戲本身也是傳奇性的，因爲結果尚未知曉。結果不可預知是使其成爲眞正遊戲的原因。至於有限遊戲的劇場化，與其存在結局有關。

有限遊戲的傳奇性只是暫時的。一旦遊戲結束，我們就能回顧過去，看到儘管競爭者可以自由地進行一系列動作，但只能導致這個結局。我們可以看到每個動作如何融入一個序列，使得這個玩家獲得的勝利成爲不可避免的結局。

有限遊戲具有暫時傳奇性的事實意味著，每個玩家都意圖使偏好的結局成爲必然，從而消除遊戲的傳奇性。有限玩家們都渴望成爲大師玩家（Master Player），他們希望在遊戲中表現完美，以至於可以排除意外；他們爐火純青，以至於遊戲的每一步都在神機妙算之中。眞正的大師玩家會像遊戲已成過去一樣落子，彷彿每一個細節在遊戲之前就已瞭如指掌。

17

在大多數有限遊戲中，出其不意是個至關重要的元素。如果我們沒有準備應對對手的每一個可能舉動，輸的機會肯定會增加。

因此，只有出其不意，我們才最有可能獲勝。在有限遊戲中，出奇制勝就是過去戰勝未來。已知如何起手的大師玩家，對於準備不足的玩家具有決定性的優勢。

有限玩家不僅訓練自己預測未來的各種可能性，還訓練自己掌控未來，防止未來改變過去。這是有限玩家處於嚴肅模式下的表現，他們害怕無法預測的後果。

另一方面，無限玩家則在期待驚喜的過程中持續遊戲。如果不再可能有驚喜，所有遊戲就會停止。

出奇制勝結束了有限遊戲；而出乎意料則是無限遊戲繼續進行的原因。

無限遊戲中的出乎意料是未來對過去的勝利。由於無限玩家不認爲過去有結果，因此他們無法知道過去已經開始了什麼。每一次出乎意料，過去就展現了一個新的開端。由於未來總是充滿驚喜，過去也總是不斷變化。

由於有限玩家訓練有素，要防止未來改變過去，他們必須隱藏自己未來的舉動。他們必須讓沒有準備的對手繼續保持。有限玩家必須表現得與他們本來的樣子不同。他們外表上的一切都必須是隱藏的。顯露卽不顯露。有限玩家的每一個舉動都必須具有欺騙性：假動作、分散注意力、虛假信息、誤導、神秘化。

因爲無限玩家做好了迎接未來驚喜的準備，所以他們在遊戲中抱持完全開放的態度。這種開放非指坦白，而是脆弱。這不是展露自己一成不變的身份，卽一直以來的眞實自我；而是展露自己不斷成長的方式，卽充滿活力的動態自我。無限玩家不僅僅期望被驚喜所娛樂，而是期望藉此改變自己，因爲驚喜改變的不是某個抽象的過去，而是改變自身的經歷。

準備應對驚喜（prepared against surprise）意味著接受訓練。準備迎接驚喜（prepared for surprise）意味著接受教育。

教育發現過去日益豐富的內涵，因爲它看到其中未完成的部分。訓練將過去視爲完成，將未來視爲待完成。教育引領持續的自我探索；訓練導致最終的自我定義。

訓練，在未來重複一個已經完成的過去。教育，將未完成的過去延續到未來。

18

在有限遊戲中獲勝，贏得的是頭銜。

頭銜是他人對於一個特定遊戲贏家的認可與承認。頭銜是公開的，是供他人注意的。我期望他人根據我的頭銜來稱呼我，但除非我把自己視爲他人，否則我不會用頭銜來稱呼自己。頭銜的有效性取決於它的可見度，以及它引人注意的程度。

19

任何有限遊戲都可以多次進行，即使每次遊戲的發生都是獨一無二的。彼時那些玩家所進行過的遊戲，永遠不可能再來一次了。

由於頭銜是永恆的，但只有在得到承認的情況下才存在，因此人們必須找到方法來保障對它們的記憶。已故樞機主教的禮帽被懸掛在大教堂的天花板上，彷彿是永恆的存在；偉大運動員的背號被「退休」或不再參加所有比賽；偉大成就被刻在不朽的石頭上，或者用永恆的火焰來紀念。

有些頭銜可以繼承，但前提是必須建立起血統或與最初贏家的其他有形聯繫，這表明贏家繼續存在於他們的後代之中。因此，頭銜的繼承人有義務展示相應的象徵：家族徽章、具有辨識度的言談風格、服裝或行爲。

社會的主要功能之一就是確認頭銜的有效性，並確保其得到永久認可。

20

正是由於頭銜的永恆性，我們首次可以看出死亡對有限遊戲和無限遊戲的重要性，以及二者對死亡理解的巨大差異。

有限遊戲的勝負取決於一個終局落子，即在遊戲邊界內確立了不容挑戰贏家的最終行動。換句話說，終局行動導致對手作爲遊戲參與者的死亡。贏家殺死了對手，而輸家在無法進一步對弈的意義上，死亡了。

嚴格說來，有限遊戲的賭注很少是肉體上的生與死。我們所贏得的是一個頭銜；當有限遊戲的輸家被宣布無法繼續參與時，相當於宣布該人完全不具頭銜，他人不需要給予任何關注。在有限遊戲中，死亡是過去對未來的勝利，是一種不可能有驚喜的狀態。

因此，對於有限遊戲的玩家來說，死亡與肉體的消亡無關；它指的並非是肉體的狀態。有兩種情況下，死亡與身體的命運相關：人可以在生前死（dead in life），也可以死後生（alive in death）。

生前死意味著，一個人已經停止了遊戲的所有行動。不再追求任何頭銜，已經放棄與他人的所有競爭行爲。對於有些人來說（儘管不是所有人），生前死是一種不幸，是對失敗者身份的逆來順受，是拒絕爲任何頭銜奮鬥尋求認可。然而，對於另一些人來說，生前死可以被看作是一種成就，是一種精神修煉的結果，旨在消除與世界的所有爭鬥痕跡，從任何頭銜的需求中解脫出來。蘇菲派神秘主義者（Sufi mystics）宣告：「在死之前死去。」

死後生是指那些擁有頭銜的人。他們的頭銜是永恆的，不會因死亡而消失。在這種情況下，永生不是一個獎賞，而是擁有獎賞所必需的條件。贏家永生，不是因爲他們的靈魂不受死亡影響，而是因爲他們的頭銜不被遺忘。

在埃及法老的例子中，進入來世的不僅僅是他們的靈魂，還包括他們完整的職位和角色，以及他們在塵世取得的所有有形的勝利記錄，其中包括被殺的僕人們以陪伴主人進入永恆。對於基督教的聖徒來說，「死亡失去了它的毒刺」，不是因爲人的靈魂本質上具有不朽性，而是因爲他們打了那美好的仗，成功地「向著目標竭力追求，爲了得到那在基督耶穌裡、神至高召喚的獎賞。」【使徒保羅（Paul the Apostle）[5]】

軍人常常在死亡中實現生命。軍人不是爲了自己的生存戰鬥，而是爲了救國。那些只爲了保護自己而戰的人，事實上被視爲犯下最嚴重的軍事罪行。然而，那些在與敵人戰鬥中犧牲的軍人，則獲贈國家最高榮譽的頭銜：他們被永遠緬懷。卽使是無名戰士也會受人紀念，儘管他們的名字已經佚失，但他們的頭銜不會消失。

有限遊戲的贏家獲得的不是眞正的「來世之生命」（afterlife），而是一個「來世之世界」（afterworld）。不是持續的存在，而是他們的頭銜持續得到認可。

21

確實有些遊戲的賭注似乎攸關生死。

極端形式的奴役有時會讓人以遊戲換取活命的特權，而拒絕參與的人會被處死。然而，這種交換方式有些奇怪。奴隸與其說是接受生命（receive a life），不如說是給予生命（give a life）——此生命唯一的作用就是反映主人的優越性。奴隸的生命是主人的財產；奴隸只是作爲主人過往勝利的象徵而存在。

奴隸只能付出生命才能擁有生命。「愛惜自己生命的，就失去生命；在這世上恨惡自己生命的，將保全生命到永生。」【耶穌（Jesus），約公元前六年至公元三三年。[6]】

那些爲了治癒致命疾病而採取昂貴醫療策略的人，也許是這種攸關生死的奴役更常見的例子。他們似乎也是爲了重新贏回生命而放棄生命。同樣地，那些遵循特殊飲食或生活模式的人也是如此，他們希望延長青春、盡可能推遲衰老和死亡。他們憎恨此刻的生命，爲的是往後更好的生命。而且就像奴隸一樣，他們所獲得的生命是由他人給予的：醫生、瑜伽師或匿名的崇拜者。

當有限遊戲玩家將生命視爲獎勵時，死亡則成爲失敗的象徵。因此，死亡並非被選擇，而是被強加的。當對抗死亡的奮鬥失敗時，死亡就會降臨到一個人身上。死亡是一種審判、一種恥辱，是某種無可辯駁的軟弱標誌。對有限遊戲者來說，死亡是應得的、

5 編註：典出《腓立比書》（*Epistle to the Philippians*）第三章十四節，本書聖經譯文均參考全球聖經促進會出版的《中文標準譯本©》。

6 編註：典出《約翰福音》十二章二十五節。

是搏來的。「罪的工價就是死。」【保羅[7]】

如果輸家已經死亡，那麼死者也是輸家。

這裡確實存在一個矛盾：如果贏得有限遊戲的獎勵是生命，那麼遊戲的參與者並不眞正活著。他們在競爭生命。因此，生命並不是遊戲，而是遊戲的結果。有限玩家的參與是爲了活著，而不是在遊戲裡生活。因此，生命是應得的、賜予的、擁有的、贏得的，它並不是被眞正活出來的。「生命本身只是作爲生命的一種手段而出現。[8]」【馬克思（Karl Marx），公元一八一八至一八八三年），德國哲學家，馬克斯主義創始人。】

這是有限遊戲共同的矛盾。因爲有限遊戲是以其中一方的勝利來結束，所以每個有限遊戲都是爲了結束遊戲而進行的。矛盾恰恰在此，所有有限遊戲都在自我對抗。

22

對有限遊戲的參與者來說，死亡是抽象的，而不是具體的。死去的並不是整個人，而只是整體的抽象片段，在生前死或死後生。

同樣地，對有限遊戲的參與者來說，生命也是抽象的。不是整個人在活著。如果生命本身只是生命的一種手段，我們必須將自己抽象化，只爲了贏得一個抽象的目標。

因此，永生就是這種抽象的勝利。它是一種無止境的劇場化狀態。永生的靈魂是一個人無止境地扮演已經劇本化的角色。一個永生的人無法選擇死亡，同樣的原因也無法選擇生存。永生是嚴肅的，絕不是歡樂的。人的行爲不會產生超越自身的後果。在來世的世界裡不會有任何驚喜。

當然，靈魂的永生（洗去任何人格痕跡的赤裸靈魂）很少是人們渴望永生的原因。「關於我的靈魂將永存的消息，對我來說，就像聽到我的闌尾將被永久保存在瓶子裡一樣，沒有什麼値得關注。」【弗盧（Antony Flew），公元一九二三至二〇一〇年，英國哲學家。】更常見的是，人們希望保存的是一個公眾角色，一個永久蒙著面紗的自我。永生是一種忘記我們已經忘記的狀態，也就是說，忽略了我們自由決定參與有限遊戲的事實，而這本身是一個歡樂而不嚴肅的決定。

7 編註：典出《羅馬書》第六章二十三節。

8 編註：典出自出自馬克思《一八四四年經濟學哲學手稿》（*Economic and Philosophical Manuscripts of 1844*）中的〈異化勞動〉（Estranged Labour），譯文顧及上下文理解而由譯者重新翻譯，讀者亦可參考中共中央編譯局馬恩列斯著作編譯部譯本。

因此，永生是有限遊戲矛盾的最高典範：它是一種人們無法生存於其中的生活。

23

無限遊戲的參與者也會死去。由於死亡的邊界始終是遊戲的一部分，無限遊戲的參與者不是在遊戲結束時死亡，而是在遊戲過程中死去。

無限遊戲參與者的死亡是傳奇性的。這並不意味著遊戲在死亡中結束；相反，無限遊戲參與者將自己的死亡視爲延續遊戲的一種方式。出於這個原因，他們不爲了自己的生命而加入遊戲，他們是爲了自己的遊戲而活著。但由於這個遊戲總是與他人一起進行，顯然無限遊戲參與者既爲他人的生命延續而活，也爲之而死。

有限遊戲參與者以追求永生爲目的，而無限遊戲參與者則以有限的存在遊戲。在無限遊戲中，人們選擇成爲有限的存在，因爲他們總是傳奇性地遊戲，保持開放、向著天際、向著驚喜的方向，這些無法由劇本所安排。這種遊戲方式要求完全的脆弱。在某種程度上，如果我們對未來有所防備，我們就會建立起邊界，不再與他人遊戲，而是與他人對抗。

在有限遊戲中，死亡是一種失敗。當一個人的邊界崩潰，並被對手擊敗時，死亡就會降臨。有限遊戲的參與者死於另一個人的終結行動之下。

儘管無限遊戲參與者選擇了有限的存在，但他們可能不知道死亡何時降臨。不過，我們總是可以說他們「死得其時。」【尼采（Friedrich Nietzsche），公元一八四四至一九○○年，德國哲學家。】

有限遊戲追求生命是嚴肅的，而無限遊戲追求生命是歡樂的。無限遊戲自始至終迴盪著笑聲。這並非嘲笑那些以爲自己會走向別處，最終結局卻意想不到的人；而是與他人同喜，因爲我們發現原先以爲即將抵達的終點，竟意外展現出新的可能。我們笑的不是他人出乎意料的不可能，而是那些出乎意料的可能。

24

無限遊戲本質上是弔詭的（paradoxical），正如有限遊戲本質上是矛盾的（contradictory）。因爲無限遊戲者的目的是繼續遊戲，所以他們不是爲了自己而遊戲。有限遊戲的「矛盾」在於玩家希望自己結束遊戲。無限遊戲的「弔詭」在於玩家希望在他人身上繼續遊戲。這種弔詭恰恰在於，只有在其他人繼續遊戲時，他們才會遊戲。

當無限玩家對遊戲的延續性最無關緊要時，他們的表現最出色。正因如此，他們才會以有限的存在遊戲。

無限遊戲的樂趣和笑聲，在於學會開始我們無法完成的事情。

25

如果有限玩家以贏得遊戲來獲得頭銜，那麼我們必須說，無限玩家除了只有他們的名字之外，一無所有。

名字和頭銜一樣，都是被賦予的。人不能爲自己命名，也不能爲自己冠上頭銜。然而，不同於頭銜乃是根據一個人所做所爲而授予的，名字則是在出生時給予的——那時他什麼都還沒做。頭銜是在遊戲結束時給予的，而名字是在遊戲開始時給予的。

當一個人以頭銜爲人所知時，人們關注的是一個已經完成的過去，一個已經結束的遊戲，因此不會再次進行。一個頭銜實際上使一個人退出了遊戲。

當一個人只被以名字稱呼時，他人的注意力集中在未來的開放可能性上。我們無法預知會發生什麼。每當我們用名字相稱，我們無視所有的劇本，使得我們的關係有可能變得深切互惠。我現在無法預測你的未來，而這正使得我的未來變得不可預測。我們的未來相互影響。你我的未來將成爲我們的未來。我們爲彼此準備好迎接驚喜。

頭銜是抽象的，而名字則總是具體的。

有時候，當人們明確地被認定爲贏家時，他們的名字可以具有頭銜的效力。我們有時候會採取行動「洗刷我們的污名」，或者捍衛「家族的良好聲譽」。名字甚至可以成爲正式意義上的頭銜，比如「凱撒」（Caesar）、「拿破崙」（Napoleon）或者「耶穌的名字，超乎萬名之上」（保羅所說）。當耶穌被視爲一個頭銜而不是一個名字時，他變成了一個抽象的、劇場化的角色，一個我們無法與之共享未來的人。更確切地說，他是一個大師玩家，我們生活在他早已排好或已經決定的未來中。耶穌在《約翰福音》中說過：「亞伯拉罕存在之前，我就存在了。[9]」

9編註：典出《約翰福音》第八章五十八節。

26

頭銜，因此指向著過去。它們起源於一個不可重複的過去。

頭銜是劇場化的。每個頭銜在稱呼及表現上都有特定的儀式。像是船長、夫人、勳爵、律師（Esquire）、教授、同志（Comrade）、神父、副秘書長（Under Secretary）等頭銜，不僅表示一種恰當的稱呼方式和應有的敬意，還涉及對話的內容（只有某些話題適合與艦隊上將、地方檢察官或聖母討論），以及應對的舉止（握手、跪拜、俯身或交叉手、致敬、鞠躬、迴避目光或默默肅立）。

稱呼的方式、內容以及行爲舉止，是對有頭銜的人在某些領域中無須再競爭的認可。就像無須再與達賴喇嘛（Dalai Lama）或重量級世界冠軍競爭是非常明確的，沒有任何行動可以剝奪他們在過往競賽中獲得的頭銜。因此，只要我們承認他們的頭銜，我們就不再與他們在這些領域較量。

27

被授予頭銜的人具有權力。他們周圍的人必須屈服，撤回反對意見，順從他們的意志——在他們獲得頭銜的舞台上。

權力的行使總是假設抵抗存在。只有在兩個或多個元素相互對立時，權力才會顯現。哪個元素能撼動另一個元素，它就是更有權力的。如果沒有其他人努力成爲菩薩（Boddhisattva）或印第安納州花式棒擊冠軍（Baton Twirling Champion），這些頭銜就毫無權力——沒人會對其表示敬意。

權力的行使也假設存在一個封閉的範圍和有限的時間單位。我的權力取決於我能在給定的空間和時間限制內排除多少抵抗。問題不在於我是否能舉起十磅重的物品，而在於我是否能在一秒內將十磅重的物品舉到五英尺高的位置——或者在其他精確的時間和空間限制內。確定了這些限制，就有可能知道我的權力相對於其他人而言有多大。

權力始終是以比較來衡量的。實際上，它是一個競爭術語：相對於其他人，我能克服多少阻力？

權力是僅存於有限遊戲的概念。但直到遊戲結束，即指定的時間結束之前，權力才能被正確地衡量。在遊戲進行的過程中，我們無法確定玩家的權力，因爲只要是眞正的遊戲，結果都是未知的。一個被看似更強大的對手推擠著的玩家，可能在最後關頭展現出意想不到的活力，並取得勝利。直到一九四八年總統選舉的最後幾個小時，許多美國人都還認爲杜魯門（Harry Truman）是比杜威（Thomas Dewey）更弱的候選人。

有意義地談論一個人的權力，就是談論該人在某一個封閉的領域中已經完成的事情。看到權力，就是回顧過去的時間。

由於權力是由遊戲的結果而定的，一個人並不是因有權力而獲勝；而是爲了有權力而爭勝。如果在遊戲開始之前就有足夠權力致勝，那麼接下來的就不再是一場遊戲。

一個人只能通過擁有公認的頭銜（即他人的儀式性尊重）來擁有權力，也就是說，權力從來不屬於自己，從這個角度來看，它顯示了所有有限遊戲中的本質矛盾。我只能藉由不參與遊戲，表明遊戲已經結束，才能獲得權力。因此，我只能擁有別人賦予我的權力。權力是在遊戲結束後由觀衆賦予的。

權力是矛盾的，也是劇場化的。

28

宣稱權力是對頭銜的敬畏，這似乎難以置信。如果說有什麼似乎是現實的永恆特徵，那就是權力——我們不斷受到來自內外優勢力量的影響。從天氣變化和國家政府的行爲到不可抗拒的本能推動力，乃至衰老的過程，似乎都證實了我們是無助的環境造物——我們是無能爲力的。說權力充其量只是一種劇場化表演，似乎是明顯錯誤的。

然而，權力的劇場化似乎符合先前的原則：「誰必須參與，誰就無法參與」。該原則的直觀理念是，除非我們充分合作，除非我們加入遊戲並力求勝利，否則沒有人能夠讓我們參與競爭。因爲權力只能以比較（也就是競爭）來衡量，它假設了某種合作爲前提。如果我們服從有頭銜的贏家，那只是因爲我們把自己視爲輸家。這樣做就是自由地參與權力的劇場。

確實，有些政府行爲、自然現象或神罰天災超出了我們的抵禦能力，但我們不太可能認爲自己是它們的輸家。我們不會被洪水、遺傳疾病或通貨膨脹擊敗。誠然，這些都是現實存在的，但我們並不與現實作對，而是順應現實。我們不能消除天氣或基因的影響，而是接受它們，將其作爲遊戲環境的現實，即我們在遊戲裡的限制。

如果我接受死亡是不可避免的，我就不會與死亡搏鬥。我以凡人之身而搏鬥。有限遊戲的所有限制都是自我限制。

29

權力只存在於有限的遊戲中。它不是傳奇性的，而是劇場化的。那麼無限玩家如何應對權力呢？無限遊戲永遠都是傳奇性的；它的結果是無盡開放的。沒有辦法回顧過去，對此前遊戲的權力或弱點做出明確的評估。無限玩家向前看，不是爲了在未來取得一場勝利，賦予過去永恆的意義；而是爲了遊戲永續，需要不斷重新詮釋過去。無限玩家不反對他人的行爲，而是發起自己的行動，促使其他人也發起行動來回應。

我們需要一個詞語，與「權力」（power）在有限遊戲中獲得的意義相對照。或許我們可以說，在有限遊戲中，有限玩家是爲了成爲有權力的人，而無限玩家則是爲了成爲有「力量」（strength）的人。

一個有權力的人會給過去一個結果，解決所有懸而未決的問題。一個有力量的人將過去承載到未來，表明過去的問題無法得到解決。權力關注已經發生的事情；而力量關注尚未發生的事情。權力是有限的，可被衡量的。而力量則無法衡量，因爲它是一種開放而不是封閉的行爲。權力指的是人們在限制內所擁有的自由，而力量則指的是人們與限制共舞的自由。

權力始終只會局限於相對少數的選定人士。但任何人都可以變得有力量而強大。力量是弔詭的。我之所以有力量，不是因爲我可以迫使他人按照我希望的方式行動，而是因爲我可以允許他們按照自己的意願行動。

30

即使想要參與的人都可以成爲無限玩家，而且任何人都可以具有力量，但我們不能假定權力不會對無限遊戲造成無法挽回的損害。無限遊戲難以預防或消除邪惡。雖然無限玩家是有力量的，但他們不具有權力，也不試圖變得有權力。

邪惡是無限遊戲的終結。它使無限遊戲在無人傾聽的沉默裡終結。

無人傾聽的沉默不一定意味著玩家的死亡。亦不是玩家失去聲音，而是失去了聲音的傾聽者。當生命的劇碼因爲他人的無聽或無知而無法繼續時，這是一種邪惡。

有些沉默可被聽見，即使是來自死者和受嚴重壓迫者的沉默。很多事情表面上被遺忘，但都是可以重新找回並復原的。敏感而忠實的歷史學家能夠了解到許多已經失落的東西，因此可以使那些東西得以延續。

然而，有些沉默永遠不會、也無法被聽見。有很多邪惡是超出救贖範圍的。當歐洲人首次登陸北美大陸時，當地人說著多達一萬種不同的語言，每種語言都有自己的詩歌、歷史和神話寶庫，都有自己與自然環境和諧相處的生活方式。如今除了極少數之外，所有這些語言幾乎都已消聲匿跡，他們的文化對我們這些鳩占鵲巢的、無知的人而言，已經永遠失落了。

邪惡不是有限遊戲的終結。有限遊戲的參與者，即使是那些為自己生命而參與的人，也知道他們自由選擇參與的賭注是什麼。

邪惡不是試圖按照公開公認的規則來消除他人競爭，而是無視規則地消除競爭。邪惡不是獲取權力，而是對權力的表達。邪惡是強迫認可一個頭銜——這就是邪惡的矛盾之處，因為認可是不能強迫的。納粹沒有與猶太人爭奪頭銜，而是要求在無競爭的情況下認可頭銜。然而，要做到這一點，只有讓猶太人保持沉默，聽不到他們的任何聲音。連同他們的文化，他們將在沉默中死去，沒有任何人會察覺，甚至那些管理死亡機構和儀式的人也不會察覺。

31

邪惡從來就不是以邪惡爲目的。實際上，所有邪惡的矛盾之處在於它源於消除邪惡的渴望。「唯一好的印第安人是死去的印第安人。」

邪惡源於一種光榮的信念，認爲可以釐清歷史而得到一個明智的結論。將歷史視作將通往明確終點過程，這是邪惡的。認爲唯有將過去與當下關注的問題掛鉤，歷史才會有意義，這也是邪惡的。一個國家認爲自己是「地球上最後的、最好的希望」亦是邪惡的。期望歷史終將回歸錫安（Zion）、消弭一切社會階級或所有異教徒終將伊斯蘭化，這全都是邪惡的。

你們的歷史不屬於我。我們彼此生活在共同的歷史中。

無限玩家明白，邪惡是不可避免的。因此，他們不會試圖消除他人的邪惡，因爲這樣做本身就是邪惡的衝動，因此是矛盾的。他們只是弔詭地認識到試圖消除別處的邪惡正是他們自身的邪惡。

邪惡不是將有限遊戲納入無限遊戲，而是將所有遊戲限制在某個有限遊戲中。

第二章

Chapter 2

沒有人可以獨自參與遊戲

32

沒有人可以獨自參與遊戲。一個人無法單獨成爲人。沒有群體的地方，就沒有個體之存在。我們不是以自己的身份與他人互動，我們在與他人互動的過程中實現自我。

同時，與我們互動的其他人，本身也是處在互動之中。我們不能與沒有互動的人建立關連。不可避免地，我們的社會存在具有流動性。這不是說我們生活在一個流動的環境中，而是說我們的生活本身就是流動的。正如禪宗所描繪的，我們不是世界之流所流經的石頭，我們就是水流本身。我們將看到，無休止的變化並不意味著不連續與斷裂；相反地，變化本身就是我們作爲人的連續性基礎。只有能夠變化的事物才能繼續下去：

這是無限玩家賴以生存的原則。

我們社會存在的流動性，也就是個人存在的流動性，是我們基本自由的一種功能。這種自由體驗於「誰必須參與，誰就不能參與」這個法則中。當然，正如我們所見，有限遊戲不可能有流動的邊界，因爲如果有流動的邊界，就無法對誰是贏家達成共識。（但因每個玩家都能無拘束選擇進入和繼續遊戲，在這一點上，有限遊戲是浮動的。）因此，有限遊戲偶爾看來存在固定的社會參照。例如，愛國的方式不僅有對有錯，而且愛國本身也是個積極的社會要求。

人性中這種根本的流動性，與有限遊戲的嚴肅不相調和。因此，這種流動性向我們提出了一個無法避免的挑戰：如何在眞正的歡樂中容納嚴肅；也就是說，如何將我們所有的有限遊戲放入無限遊戲中。

這一挑戰常被誤解爲在有限遊戲中尋找歡樂的空間。這就是前面提到的所謂敷衍應付，一種無關緊要的玩鬧。這就好比娛樂、消遣、調劑、笑料、休閒、放鬆等詞語經常暗示的那種「歡樂」。然而，嚴肅將不可避免地又會回到這種遊戲中。高級主管的假期，就像足球隊的暫停時間一樣，成了讓參賽者恢復體力，準備進入更高層次競爭的手段。

甚至兒童們天真的玩樂也通過有組織的運動、藝術和教育計畫被利用，作為為年輕人準備面對嚴肅成人競爭的手段。

33

當俾斯麥（Otto von Bismarck，公元一八一五至一八九八年，前德國總理）形容政治為可能性的藝術時，他當然是指可能性可以在某些固定的限制內找到，存在於社會現實之中。顯然，他的意思並不是說可能性延伸到這些限制本身。因此，這種政治本身就是嚴肅的，特別是因為幾乎每種意識形態的政治家都將自己描繪成自由的捍衛者，為了擴大可能性的範圍而願意做一切必要甚至不愉快的事情。「我們必須學習戰爭和獨立，使得我們的子女能夠學習建築和工程學，以便他們的子女能夠學習細緻的藝術和繪畫。」【亞當斯（John Quincy Adams），公元一七六七至一八四八年，美國第六任總統。】

無限玩家對這類特定政治立場幾乎沒有興趣，他們不關心在現實環境中可以得到多少自由，因為這些只是表面上的自由。他們想要展現的是，在為有限遊戲劃定這些特定的邊界時，我們有多自由。無限玩家提醒我們，政治現實不應先於我們人性最根本的流動性，而是源於這種流動性。

這並不意味著無限遊戲的玩家脫離政治；相反，他們關心政治（be political），但沒有具體政治傾向（having a politics）。這一弔詭的立場，很容易被誤解。擁有具體政治傾向意味著試圖透過一套規則來實現特定的目標。而在此所指的關心政治，意味試圖重新整合規則，消除所有社會性目的，也就是維持人類最根本的流動性。

以無限遊戲的模式關心政治，絕非無視許多人類同胞所生活的惡劣條件。事實上，消除這些惡劣條件是許多特定政治立場所宣稱的目標。我們可以想像無限遊戲的玩家點頭思考盧梭（Jean-Jacques Rousseau，公元一七一二至一七七八年，法國思想家）的名言：「人生而自由，卻無處不在枷鎖之中。[10]」無限玩家可以看到自由的夢想是普遍的，人們爲了贏取自由而戰爭，英雄爲了保護自由而犧牲，作曲家創作歌曲來紀念自由的實現。在無限玩家看來，政治事務的意向和意願很容易被迫在眉睫需要解決的公共危機所掩蓋。但在他們眼中，這些意向和意願的元素卻顯得格外突出。因此，即使在戰爭和英雄主義中，也能清楚地展現出其自相矛盾之處。在找到另一個能夠同意衝突條件的國家之前，任何國家都無法開戰。因此，任一方都必須與對方有共謀關係：在我有敵人之前，我必須說服另一方視我爲敵人。除非我能找到一個人先威脅我的生命，甚至是要奪去我的生命，否則我無法成爲英雄。一旦開始，戰爭和英勇行爲都披著不得不然的外衣，但這種外衣不過是一層面紗，掩蓋著敵對雙方爲製造衝突而衍生的勾心鬥角。

因此，對於無限遊戲的玩家而言，特定政治傾向是一種劇場化表演。它是在觀衆面前扮演角色，按照一個劇本表演，演員事先知道最後一幕。例如，美國在東南亞沒有輸掉戰爭，而是失去了戰爭的觀衆。毫無疑問，許多士兵的幻滅和痛苦來自於缺少最終場景——凱旋歸來的遊行或隆重的葬禮——對此場景的預期與憧憬，促使許多人奔赴戰場。

正因爲特定政治傾向的劇場化本質，無限玩家不會在政治議題上站在某一邊——至少不是眞正嚴肅地站在某一邊。反之，他們以傳奇化的方式參與社會衝突，試圖提供一種持續性和開放性的願景，取代英雄式的最終場景。在這樣做的過程中，他們至少需要引起其他政治參與者的注意力，從關注「他們覺得必須做什麼」，轉爲關注「爲什麼他們覺得必須這樣做」。

10編註：典出盧梭的《社會契約論》（*Du contrat social ou Principes du droit politique*）。

在無限玩家的政治參與中，他們將社會和文化作出區別。他們理解社會是在某種公共約束下的關係總和，文化則是在不受約束的選擇下，人與人相互作用的一切。如果說社會是一群人認爲自己必須做的一切，那麼文化則是「可變與自由的國度，沒有所謂的普遍適用，權威在這裡也無從置喙」。【布克哈特（Jacob Burckhardt），公元一八一八至一八九七年，瑞士歷史學家。】

無限玩家對社會的理解，不能混淆成爲本能行動或其他無意識行動。社會完全是我們的自由選擇，就像有限競爭一樣，無論對玩家來說競爭有多激烈或昂貴，都無法阻止玩家離開比賽場地。僅僅在那些被認爲是必要的領域，社會才體現它的強制性。

就像無限遊戲無法被限制在有限遊戲中一樣，文化如果局限在社會的邊界內就無法眞實存在。當然，社會通常會擁抱並將某種文化視爲自己獨有的。這樣界定的文化甚至可能在社會的大力資助和推崇下具有開放性的外觀，但實際上它是爲了方方面面服務於社會利益而設計的——就像蘇維埃藝術的社會主義現實主義一樣。

因此，社會和文化並不是彼此眞正的對立面。更確切地說，社會是文化的一種形式，它在自我矛盾中持續存在。社會是自由組織起來的一種努力，試圖隱藏組織者和被組織者的自由，試圖忘記我們有意遺忘自己當初選擇參與或退出某種競爭，並持續下去的決定。

34

如果將社會視爲一群人在必然面紗下所做的一切，那我們也應該將其視爲一個有限遊戲，在它的邊界內，又包含許多較小的遊戲。

一個大型社會將包含各種各樣的遊戲，儘管它們都以某種方式相互關聯，因爲它們對最終的社會排名有影響。學校是一種有限遊戲，因爲它們對那些獲得學位的人授予排名獎項。這些獎項反過來又使畢業生有資格參加更高級的遊戲——例如某些聲望很高的學院，然後是某些專業學校，每個專業領域都有一系列不斷升級的遊戲，依此類推。家庭把自己視爲更廣泛的有限遊戲中的一個競爭單位，並訓練他們的成員爭奪社會公認的頭銜，這種情況並不罕見。

像有限遊戲一樣，一個社會在數量、空間和時間上都是有限的。它的公民身份被明確界定，它的邊界是不可侵犯的，它的過去被奉爲圭臬。

在一個社會中，公民的權力是由進行中的遊戲排名所確定的。一個社會保留著對過去贏家的記憶。記錄保存功能對社會秩序至關重要。大型官僚機構的出現，是出於驗證該社會公民眾多權利之需。

一個社會的權力，是藉由在更大的有限遊戲中戰勝其他社會確立的。它最珍貴的記憶是那些在勝仗中陣亡的英雄。吞了敗仗的英雄幾乎從不被紀念。法國有福煦（Ferdinand Foch，法國陸軍統帥）的紀念碑，但貝當（Philippe Petain，法國陸軍將領）沒有；美國有林肯的紀念碑，但戴維斯（Jefferson Davis，美國南北戰爭時美利堅聯盟國總統）沒有；俄國有列寧的紀念碑，但托洛斯基（Leon Trotsky）沒有。

一個社會的權力，是自我保證並自我增強的。

只有在整個社會相對於其他社會依然強大的情況下，才能保護公民所獲得的獎項。那些希望其獎項永久存在的人，將努力維持整個社會的永久存在。愛國主義以其眾多形式（沙文主義、種族主義、性別主義、民族主義、地方主義）成爲所有社會遊戲中的一個要素。

因爲權力本身就具有愛國主義的特質，所以有限遊戲玩家的特點就是尋求擴充權力以增加權力。因此，對一個社會來說，鼓勵內部競爭、建立盡可能多的獎項是有益的，因爲獎項持有者最有可能捍衛社會，爲了整個社會而對抗競爭對手。

35

另一方面，文化是個無限遊戲。文化沒有邊界。任何人在任何地方、任何時間都可以成爲文化的參與者。

因爲一個社會保持著謹慎的時間限制，它將自己的過去視爲命運；也就是說，它的歷史進程介於明確的開始（創立社會的鼻祖總是特別得到紀念）和明確的結束之間。（它勝利的本質在官方聲明中反覆預示，如「各取所需，各盡所能」。）

因爲文化本身沒有時間上的限制，文化將自己的過去理解爲歷史，而不是命運，也就是說，它是一段已經開始但指向著無窮無盡的未來的敘事。文化是凡人的事業，他們不屑於保護自己免受意外。他們依憑著遠見生活，避開權力，快樂地悠遊邊界之間。

社會是權力的體現。社會是劇場化的，有一個既定的劇本。一旦有偏離劇本的行爲，馬上就會被明顯看出來。偏離是反社會的，因此在社會中被各種制裁所禁止。爲什麼要抵制異常行爲，其實很容易理解。如果人們不遵守社會的現行規則，那麼許多規則就會改變，有些甚至會被完全取消。這意味著過去的贏家不再被儀式性地承認其頭銜的價值，因此也失去了權力，就像一九一七年俄國革命後的俄國王公一樣。

社會有一項非常重要的職能，是防止其所涵蓋的許多遊戲規則發生變化。學術認證、行業和職業的執照、教會的神職授任、議會對官方任命的確認以及政治領袖的就職典禮，這些程序都是大型社會允許人們在其內部的有限遊戲中競爭而設的儀式。

然而，異常行爲正是文化的本質。僅僅遵從劇本、單純重複過去的人，在文化上是貧乏的。

偏離的性質存在差異；並非所有與過去的偏離都具有文化意義。任何試圖以割斷過去、使其被遺忘的方式改變過去的做法，都沒有什麼文化意義。更有意義的是以嶄新的視角審視傳統，讓熟悉的事物變得陌生，敦促我們對過去的一切——因此也是我們現在的一切——進行新的評價。

文化的偏離不會讓我們回到過去，而是延續了過去開始但尚未完成的事物。另一方面，社會習俗要求在未來完全複製已經結束的過去。社會具有永恆必然的嚴肅；而文化則迴盪著出乎意料可能性的歡笑。社會是抽象的，文化是具體的。

有限遊戲可以再次進行，可以無限次地進行。確實，遊戲贏家總是在特定的時間內贏得某遊戲的人，但他們頭銜的有效性取決於該遊戲的可重複性。我們紀念早期的美式足球運動的英雄，但如果美式足球運動僅存續短短十年，我們就不會這樣做了。

正如我們所看到的，由於無限遊戲無法結束，因此它也無法重複進行。不可重複性是文化的一個特點。莫扎特（Mozart）的《朱比特交響曲》（*Jupiter Symphony*）無法再被譜寫，林布蘭（Rembrandt）的自畫像也無法再被創作。這些都是文化中無法被重複的獨特作品。社會將這些作品作爲在各自領域中取勝者的獎品加以保存。然而，文化不將這些作品視爲一場奮鬥的結果，而視爲一場持續中的奮鬥的某些片刻——這正是文化所代表的奮鬥。文化延續了莫扎特和林布蘭透過作品所延續的東西：對他們所接受的傳統進行或獨創、或離經叛道的塑造，其獨創性足以使其免於他人的複製，反而激勵他人的再創作。

正如無限遊戲有其規則，文化有其傳統。由於無限遊戲中的遊戲規則是自由地協商和自由地改變的，文化傳統在被採納的同時也被轉變。

準確地說，文化本身並不擁有某種傳統；文化本身就是一種傳統。

36

對於一個社會的身份認同來說，至關重要的是忽略自己已經忘記社會始終是一種文化形態。社會的公民必須找到方法使自己相信，他們特定的邊界是被強加在他們身上的，而不是他們自由選擇的。例如，個人選擇成爲美國人（Americans）是一回事，而選擇成爲美國（America）則是完全不同的一回事。社會思維容易接受前者，但永遠不會接受後者。

對於一個公民群體來說，自我說服的其中一個最有效的手段是擁有財產。實際上擁有一個社會的財產，以及財產如何分配，遠不如財產存在這個事實重要。爲了理解財產的獨特動力，我們必須回到有限遊戲的一個特點。

有限遊戲的贏家所獲得的是一個頭銜。頭銜是他人承認某人是特定遊戲的贏家。我無法自封頭銜。頭銜是劇場化的，需要觀衆來賜予和尊重。權力與頭銜相關，因爲承認頭銜的人接受了這樣一個事實，即頭銜所代表的競爭不會再次展開。擁有頭銜意味著達成了一項協議，即在該特定遊戲中，競爭永遠結束了。

因此，對於每個頭銜的有效性，它必須是可見的，並在其可見性中，它指向所贏得的那場較量。財產的目的是使我們的頭銜可見。財產是標誌性的，它讓別人記得我們在無庸置疑的領域中獲得的勝利戰果。

財產可能會被偷竊，但偷竊者並不因此擁有財產。所有權永遠不能被偷竊。頭銜是永恆的，財產的所有權也是如此。有時因爲對土地所有權的主張，國家之間發生了長達數個世紀的戰爭。頭銜可以被繼承，彼時，財產將被適當地轉移到繼承人手中——當然，繼承人必須維持使其最初獲得頭銜的適當條件。（透過證明繼承人的無能或失德，經常導致繼承的合法性受到挑戰。）

然而，小偷的目的並不是想要偷取頭銜。小偷並非想攫取屬於他人的東西。他與我爭奪的並不是我擁有所有權的物品，而是爭奪那些物品的所有權。小偷的目的是贏得所有權，認爲我聲稱擁有所有權的東西不屬於任何人，因而可以任意取走。小說《孤雛淚》（*Oliver Twist*）中的小扒手機靈鬼（Artful Dodger）對奧利佛說，「如果你不拿走手絹和金錶，其他人也會拿走。這樣丟東西的人就糟糕了，你也會更糟糕，沒有人拿到好處，除了那些得到它們的人——你和他們一樣有權擁有它們。」

37

社會之所以存在，原因之一是它在賦予和確認財產所有權方面的角色。「因此，人們聯合起來組成國家，並將自己置於政府之下，最主要目的就是爲了保護他們的財產。而在自然的狀態下要保護財產有著許多缺陷。」【洛克（John Locke），公元一六三二至一七〇四年，英國哲學家。】

當我們詢問一個社會究竟如何保護其公民的財產時，我們可以預料到的回答是：通過使用武力。這個回答引入了一個困境。儘管強制手段可以阻止小偷，但無論使用多少武力，小扒手是無法眞正承認紳士對他口袋裡手帕的所有權的。除非這位年輕的惡棍自願地尊重那個頭銜，否則他將仍然是個小偷。推而廣之，這一觀察也適用於整個社會。除非所有對手自由地同意財產頭銜在實際的贏家手中，否則社會內缺乏有效的授權模式。

強制力建立不了這種協議。事實上，情況相反：正是協議建立了強制力。只有那些同意社會約束的人才將其視爲約束，作爲行動指南，而不是被反對的行動。

那些挑戰社會現有財產模式的人不認爲執法人員有權力；他們將他們視爲在一場決定誰具有權力的鬥爭中的對手。一個人不是靠權力取勝，而是取勝才會有權力。只有通過自主的自我遮蔽，人們才會相信他們遵守法律是因爲法律有權力；事實上，法律對於人們來說只有在他們遵守法律時才有權力。我們不是因爲交通號誌改變而通過交通路口，而是正當交通號誌改變時通過。

這意味著財產所有者面臨一個特殊的負擔。既然只有在他們能夠說服別人遵守法律時，保護他們財產的法律才會有效，他們必須在所有權中引入一種戲劇性（theatricality），足夠吸引他們的對手按照其劇本行事。

38

財產的戲劇性實際上有著複雜的結構，財產所有者必須付出相當多的努力來維持它。如果要使財產具有令人信服的象徵意義，也就是說，如果要使人們注意到財產所有者在過去勝利中的頭銜，那麼財產所有者將承受著雙重負擔：

首先，他們必須證明其財產數額與贏得該頭銜時所遇到的困難相匹配。財產必須被視爲補償。

其次，他們必須證明其財產類型與贏得該頭銜的競爭性質相符。財產必須被視爲消費品。

39

只要財產所有者可以展示所獲得的與所付出的努力相符，財產就是合理的補償。財產所有者付出的與透過頭銜從他人那裡得到的，必須具有等價性。

若人們無法展示財富與承擔的風險或投入的才能之間呈對應關係，他們的頭銜就會面臨挑戰。富人經常遭受盜竊、徵稅以及希冀他們財富分享的期望，彷彿他們所擁有的不是眞正的補償，因此不完全屬於他們自己。

對於爲贏得頭銜而在過程中所付出的一切給予充分補償，就意味著恢復到競爭前的狀態。

財產是試圖重返過去的一種嘗試。它使人恢復到競爭前的狀態。人們在競爭中所花費（並因此失去）的時間將得到補償。

儘管如此，這種重返過去的嘗試是一種劇場化的企圖，它只有足夠吸引觀眾注目才能成功。財產必須占據空間。它必須存在於某處，而且是顯而易見的某處。也就是說，它必須以這樣一種形式存在，即其他人看到並注意到它。我們的財產必須干擾他人，阻礙他人，引發他人與之爭議。擁有財產的人通常擁有大片房產和在社會中的行動自由。同時，富人的財產也會擠壓與限制財產較少的人。赤貧者通常被限制在狹小的地理範圍內，被其他人視爲異類。

對於財產所有者而言，關鍵不在於財產本身的數量，而在於其能否吸引觀眾，讓他們覺得財產具有適當的象徵意義；也就是說，觀眾認爲財產是對所付出努力和技能的合理補償。

40

財產所有者還有第二個劇場化的要求。一旦使人們留意到他們在獲得財產時付出了多少，他們必須消費自己因付出所獲得的。這裡的直覺原則是，擁有自己不需要使用或未計劃使用的東西，是沒有道理的。一個人賺錢並不是僅僅爲了存錢，以備可能的未來使用。

消費被理解爲一種有意識的活動。消費財產並不僅僅是簡單地摧毀它——否則燒掉我們賺來的錢就足夠了——而是通過某種方式來使用它。

消費是一種活動，它與贏得頭銜的方式恰恰相反。它必須是一種能讓所有觀察者相信，擁有者對其所有權已無可置疑的活動。

我們認爲某人愈有權力，就愈不期望他做什麼，因爲其權力只能來自他所已付出的事情。在重要頭銜的運動比賽結束後，觀衆常常會舉起獲勝者簇擁他們遊行，彷彿他們是如此無助，這與他們剛剛展示的技能和力量形成了最鮮明的對比。君主和神靈經常被抬上禮車；富豪則乘坐豪車出行。

消費是一種與辛勤勞動截然不同的活動，它以休閒甚至懶散的方式展現出來。我們透過不必做任何事情，來展示過去辛勞所換來的成功。因此，我們愈是多多消費，就愈能顯示自己是過去競爭中的勝利者。「於是，明顯地無須勞動成爲金錢成就的傳統標誌，也成爲聲望的常規指標；反之，由於從事生產勞動是貧困和受制約的標誌，就與社會受尊敬的聲望地位無緣。」【范伯倫（Thorstein Veblen），公元一八五七至一九二九年，

美國經濟學家。】

正如補償以占據空間使自己顯眼，消費以持續時間吸引著人們的注意。財產不僅僅需要打擾他人，還必須持續打擾他人。我們擁有的財產數量，可以根據我們保持顯眼的時間來衡量，這要求其他人根據我們的空間存在調整他們的行動自由。富人的共同目標是建立世世代代可見的財富傳承，透過執行遺囑來防止財富的迅速消耗，透過捐贈給具有社會重要性的機構，以及建立以他們名字命名的偉大建築物。那些取得小小勝利、地位較低的人並不具有長期價值的財產；他們將很快耗盡所有。而那些社會希望永遠銘記其勝利的偉人，在首都城市的核心地帶矗立起顯赫且永恆的紀念碑，往往占據相當大的空間，阻擋交通，對隨意散步的人造成阻礙。

對於無限遊戲的玩家來說，財富與其說是擁有，不如說是表演。

41

如果組成共和國的原因之一是保護財產，而財產的保護相較於依賴權力，更依賴戲劇展演，那麼社會就極度依賴他們的藝術家，即柏拉圖所稱的創作者（poietai）：故事講述者、發明家、雕塑家、詩人，以及任何原創思想者。【柏拉圖（Plato），約公元前四二七年至公元前三四八年，古希臘哲學家。】

當然，如果小扒手「機靈鬼」的手被警官牢牢抓住，他的手就不會突然伸進紳士們的口袋。但任何需要極端的強制約束政策，像是警察去對付每個潛在罪犯，都會使社會迅速陷入混亂。

有些社會發展出這樣一種信念，即通過確保所有成員（包括小偷）擁有一定的財產以消除偷竊行爲——這是許多社會福利立法背後的動機。然而，將一枚硬幣放入小扒手的口袋，並不會使他相信自己不再是爭奪我手中硬幣的合法競爭者。

對一個社會而言，更有效的政策是找到方法說服小偷，放棄他們作爲財產競爭者的角色，轉而成爲財富劇場的觀衆。正因如此，社會仰賴那些創作者的技能，他們能劇場化財產關係及社會內部結構。

社會理論家們明白，這樣的劇場化必須嚴肅以待。如果沒有它，文化將不存在，而沒有文化的社會將變得單調乏味，毫無生氣，是無法忍受的。納粹主義沒有音樂家、平面設計師和舞台設計師，沒有建築師史佩爾（Albert Speer）和舞蹈家萊芬斯坦（Leni

Riefenstahl），它將會是怎樣的？即使是在柏拉圖（Plato）的《理想國》中，在那個專制的硬殼下，還是有「許多不必要的人與物，例如各種獵人和藝術家，其中有人關注形象與色彩，有人關注音樂；還有詩人及其助手、演員、合唱舞者和工作人員；以及製造各種用品的人，包括那些做女性裝飾品的人。」（柏拉圖）。

如果財富和力量要展現出來，那麼偉大的財富和偉大的力量更必須燦爛地展現出來。

42

雖然社會思想家不會忽視創作活動（poiesis）的重要性，但他們也不能低估其危險性，因爲創作者（poietai）最有可能記得已被遺忘的事實，即社會是文化的一種形式。

社會常對創作者存在相當矛盾的態度。蘇聯的統治機構並不認爲所有眞正的藝術都必須符合社會主義現實主義的標準，但他們相信總是可以找到與社會主義現實主義相容的眞正藝術；因此，那些作品不符合該標準的藝術家可能會受到懲罰，而這不會影響藝術本身的完整性。柏拉圖並不希望藝術家在其藝術上做出妥協，但他確實說過創作者「必須遵循一般的界限來創作故事，他們不能逾越這些界限。」

每個社會最深刻且最重要的鬥爭實際上不是與其他社會鬥爭，而是與社會內部存在的文化——即社會本身的文化。與其他社會的衝突實際上是一個社會約束自己文化的有效方式。有權力的社會不因要發動戰爭而壓制創作者，而是爲壓制創作者而進行戰爭。原創思想家可以透過處決和流放受到壓制，也可以重金重禮來鼓勵他們，讓他們頌揚社會的英雄。亞歷山大和拿破崙將他們的詩人和學者帶入戰場，這樣一來他們就省去了壓制的麻煩，同時還擴大了見證他們勝利的觀衆人數。

社會抵御自身文化的另一種成功方式是，將藝術家視爲財產的生產者，給予一席之地，從而提升了消費藝術或擁有藝術的價值。值得注意的是，大量的藝術收藏和世界上所有主要的博物館，都是富豪或強烈民族主義時期社會的作品。例如，紐約的所有主要博物館都與著名富豪的名字相關聯：卡內基（Carnegie）、弗里克（Frick）、洛克菲勒、古根漢（Guggenheim）、惠特尼（Whitney）、摩根、雷曼。

這樣的博物館不是爲了保護藝術品免受人民的侵害，而是爲了保護人民免受藝術的影響。

43

文化可能在一個社會中勃發，不是當它的創作者開始表達與社會相悖的觀點時，而是當他們開始無視所有界線，並致力於將觀眾重新帶入遊戲——不是某個競爭性的遊戲，而是確認自己是遊戲的遊戲。

讓一個社會手足無措的不是態度嚴肅的反抗，而是全然缺乏嚴肅感。對將軍們來說，他們相對容易忍受以作品反對其戰爭的行爲，卻無法接受將戰爭展示爲作品。

將藝術用於反對一個社會或其政策時，就放棄了藝術的無限遊戲本質，並追求某個結局。這樣的藝術與那些高度嚴肅地讚美英雄的宣傳沒有區別。一旦戰爭或任何其他社會活動被帶入作品的無限遊戲中，使其看起來要麼滑稽可笑、要麼毫無意義（就像美是毫無意義一樣），士兵們就面臨著一個巨大危機，那就是找不到爲他們的戰利品歡呼的觀衆，因此也沒有爲之奮戰的理由。

44

因爲文化本身就是一種作品，它的所有參與者都是創作者——發明家、製作者、藝術家、故事講述者、神話學家。然而，他們並不是創造現實的人，而是創造可能性的人。文化的創造力沒有結果，沒有結論。它不會產生藝術作品、手工藝品或產品。創造力是一種連續性，會在別人身上不斷自我誕生。「藝術家不是創造物體，而是通過物體來創造。」【蘭克（Otto Rank），公元一八八四至一九三九年，奧地利心理學家。】

因此，除非引導觀賞者產生創造力，否則藝術不成爲藝術。任何擁有藝術品的人，也並沒有眞正擁有藝術。

因爲藝術永遠不是擁有，而是可能性，所以任何被擁有的東西都不能成爲藝術的象徵。如果藝術不能成爲財產，那麼財產本身也永遠不是藝術。財產引人注意的是所有權，它指向一個過去完成的時間。藝術則是傳奇性的，總是向前敞開，著手進行一些永不結束的事物。

由於文化的創造力不是終結性的，而是能夠不斷生成，所以它沒有既定公認的活動目錄。我們之所以成爲藝術家，不是因爲掌握了某些技能或運用特定的技巧。藝術沒有爲表演者提供劇本角色。正因爲沒有劇本，所以才是藝術。藝術才華可以在任何地方找到；事實上，只有在任何地方才能找到。人們必須對它感到驚訝。它無法被尋找。我們不是觀察藝術家在做什麼，而是觀察人們的行爲，並在其中發現藝術。

藝術家不能靠訓練而成。一個人不能僅僅透過獲取某些技能或技巧來成爲藝術家，儘管在藝術活動中可以使用各種技能和技巧。創造力存在於任何對驚喜做好準備的人身上。這樣的人不能去學校學習成爲藝術家，而只能作爲藝術家去學校。

因此，詩人無法「融入」社會，不是因爲他們沒有位置，而是因爲他們沒有認眞對待自己的「位置」。他們公然將社會的角色視爲劇場化的，將其風格視爲舞台姿勢，其衣著爲戲服，其規則爲俗套的，其危機爲被安排的，其衝突視爲表演，而其形上學視爲意識形態。

45

將社會視爲一種文化形式，並不是要推翻或改變社會，而只是要消除人們對其必要性的認識。無限遊戲的參與者也有規則；只是他們不會忘記，規則是協議的表達，而不是協議的必要條件。

因此，文化不僅僅是失序的。無限遊戲的參與者從不將其文化理解爲個人選擇的所有行爲的組合，而是將之視爲彼此所選擇行爲的一致性。因爲沒有一致性的決定，所有文化的一致性都在不斷修訂。文藝復興開始之時，亦是變化之始。事實上，文藝復興不是脫離其變化的獨立存在。它本身就是某種持續而前後一致的演進過程。

基於這個原因，可以說社會是由其邊界來定義的，而文化則是由其視野（horizon）來定義的。

邊界是一種對立的現象。它是敵對勢力的交匯處。沒有對立的地方，就不會有邊界。人們不可能越過邊界而不受阻擋。

這就是爲什麼愛國主義——也就是爲了增加社會的權力而保護權力的渴望——本質上是好戰的。因爲沒有社會，就不會有獎賞；沒有對手，就不會有社會。愛國者必須在我們尋求保護之前先創造敵人。愛國者只有在邊界明確、敵對和危險的情況下才能茁壯成長。因此，愛國精神常與軍事或其他形式的國際衝突相關。

因爲愛國主義渴望將所有其他有限遊戲納入其內，也就是說，將所有視野都納入單一的邊界之內，所以它從本質上來說是邪惡的。

視野（horizon）來自於眼界（vision）。我們無法注視視野；它是我們無法望及的點。

然而，視野本身不限制眼界，因爲視野對一切所有的眼界開放。限制眼界的反而是眼界本身的不完整。

人永遠無法到達視野之處。視野不是一條線；它沒有位置；它不包圍任何領域；它的位置始終相對於觀看角度而定。朝向視野前進只會帶來新的視野。因此，人永遠無法接近自己的視野，儘管可以有短淺的眼界範圍，卽狹窄的視野。

我們從來都無法身於視野的某處，因爲視野會隨著我們的眼界移動。我們只能通過轉身背對視野、通過將眼界變成對立、通過宣稱我們站立的地方是永恆的——一個神聖的區域、一片神聖的土地、一個眞理的體系、一套不可侵犯的戒律，來確立我們所在的位置。要確立位置就是使時間、空間和數字絕對化。

每個無限玩家的舉動，都是朝向視野前進。每個有限玩家的舉動，都在某種邊界範圍內。因此，無限遊戲的每一刻都呈現出新的眼界、新的可能性範圍。文藝復興時期，就像所有眞正的文化現象一樣，不是爲了推廣某個特定的眼界，而是爲了尋找能夠開啟更多視野的想法。

那些活著、有視野的人從來不僵固在某處，而是一直在前進的路上。

46

由於文化富含視野，它不受時間或空間的限制。

只要文藝復興是眞正的文化，它就永遠不會結束。任何人都可以進入它的眼界更新模式。但這並不意味著重複過去的行爲。所謂進入一個文化，不是東施效顰，而是與他人一起成就新局。

這就是爲什麼每個新的文化參與者既進入了現有的背景，同時又改變了這個背景。每個新的語言使用者既學習該語言，又改變了該語言。每個傳統的傳承，都使其成爲一個新的傳統。就像新生兒誕生後，這個家庭既是孩子出生前的原家庭，也成了孩子出生後的新家庭一樣。

這種轉變的相互作用不受時間的限制。文藝復興始於十四世紀或十五世紀，這個事實與其改變我們的視野能力無關。這種互動作用既可以向前推進，也可以向後推進。每個受到文藝復興影響的人，都反過來影響了文藝復興的視野。任何持續影響我們眼界的文化，在這種影響中不斷成長。

47

由於文化不僅僅是個人所做的事情，而是人們彼此之間的交互作用，我們可以說，每當人們選擇成爲一個人群（a people）時，文化就形成了。作爲一個人群，他們彼此安排規則、道德準則和溝通方式。

嚴格來說，文藝復興不是一個時期，而是一個人群，而且是一個沒有界限、因此沒有敵人的人群。文藝復興並不反對任何人。任何不屬於文藝復興的人都無法站出來反對它，因爲他們只會收到邀請，招攬他們加入文藝復興所代表的人群。

有時候，文化可能會遭到壓制，例如其思想、作品，甚至語言會被壓抑。這是一個社會害怕內部文化成長的常見策略。然而，這個策略註定會失敗，因爲它混淆了創作過程（poiesis）與創作成品（poiema）之間的區別。

社會一向將思想與思想者分開，作品與創作者分離。社會將其思想抽象化，似乎將某些思想賦予獨立於思考它們的人之外的存在，即使是最初創造它們的人也是如此。事實上，一個社會往往對自身有著一種觀念，沒有任何思想家可以挑戰或修改。抽象化的思想，即沒有思想者的思想，屬於形上學。一個社會的形上學即是其意識形態：這些論點自稱是由特定的人們提出或代表特定群體。文藝復興沒有意識形態。

鑑於一個人群沒有形上學，當其表面上的社會受到威脅、改變或甚至摧毀時，該人群並不受到威脅。政府、法律以及一個國家的執法機構被社會內部人士（通過篡奪或濫用權力）或外部人士（在其他國家）操縱，這些都不能影響一群人決定成爲一個人群。

作爲一個整體，一個人群並不需要防衛什麼。同樣地，一個人群不需要攻擊任何東西或任何人。人不能透過反對另一個人而獲得自由。我的自由不取決於你失去自由。相反地，因爲自由從來都不是脫離社會的自由（freedom from society），而是爲社會而自由（freedom for society），我的自由本質上肯定了你的自由。

一個人群沒有敵人。

48

對於一個有邊界、受形上學遮蔽且命運註定的社會來說，敵人是必要的，衝突無可避免，戰爭一觸即發。

戰爭不是無節制殘忍的行爲，而是有界社會或國家之間的宣告競爭。沒有敵人的國家，也就沒有邊界。爲了保持其定義的清晰，國家必須自己製造危險。在戰爭的不斷威脅下，一個國家的人民對他們社會的有限結構更加警覺和服從：「就像風的吹拂保護大海免受長時間平靜所產生的骯髒一樣，國家的腐敗也是長期和平的結果，更別提是『永久』的和平了。」（黑格爾）

戰爭被視爲自我保護（self-protection）的必要手段，但實際上它是用於自我認同（self-identification）的必要手段。

如果有限玩家的血氣是對其他國家發動戰爭，那無限玩家的使命就是在國家內反對戰爭。

如果一群人作爲無限玩家，不願對另一群人發動戰爭，他們可以在居住的任一國家內反對戰爭本身。在某種程度上，他們反對戰爭的方式與有限玩家相似：兩者都反對國家的存在。但他們反對國家的原因和策略卻截然不同。有限玩家對抗其他國家是因爲它們危及邊界（endanger boundaries）；無限玩家反對國家則是因爲它們製造邊界（engender boundaries）。

有限玩家消滅一個國家的策略，是殺光創造這國家的人群。然而，無限玩家認識到戰爭是國家之間的衝突，因此得出結論：國家只能以國家爲敵人，不能把個人當作敵人。「有時，不殺死一個國家的任何一個成員，也可以消滅一個國家；戰爭所賦予的任何權利，都不是實現其目標所必須的。」（盧梭）對於無限玩家而言，只要可以不殺死一個人而發動戰爭，那麼只有不殺死一個人而發動戰爭才是可能的。

從無限遊戲角度來看，有限玩家對戰爭承諾的最大困難不在於人們被殺害。實際上，有限玩家自己通常對此深感遺憾，並盡可能少殺人。困難在於這種戰爭中存在著所有有限遊戲的矛盾之處。勝仗像敗仗一樣具有破壞性，因爲如果邊界失去清晰性，就像在決定性勝利中所發生的那樣，國家就會失去其身份。就像亞歷山大在得知沒有更多的敵人可征服時流淚一樣，有限玩家在沒有新的危險挑戰他們的情況下，開始懊悔他們的勝利。在有限遊戲的策略中，爲了結束所有戰爭而進行的戰爭只會孕育出普遍性的戰爭。

無限玩家的策略是視野遼闊的。他們不以權力和暴力去迎接潛在的敵人，而是用創造和遠見。他們邀請敵人加入一個在過程中人民不斷前進的人群。無限玩家不以武力相應；相反，他們利用笑聲、遠見和驚喜來與國家接觸，讓邊界重新進入遊戲。

意識到我們眼界的限制，才能打破任何邊界。我們的視線受限，但我們所觀察的事物不然。

49

柏拉圖建議將一些詩人驅逐出理想國，因爲他們有能力削弱守護者的力量。詩人可以使戰爭無法發生，除非他們講述的故事符合國家制定的「總路線」。沒有形上學的詩人，也沒有政治立場，從而使戰爭變得不可能發生。因爲他們有著不可抗拒的能力，向守護者展示所謂必須的其實只是可能的。

對於柏拉圖而言，詩人的危險在於他們能夠模仿得如此逼眞，以至於很難辨別出什麼是眞實的，什麼只是虛構的。根據柏拉圖的觀點，現實不能被創造，而只能通過理性的運用來發現。因此，所有詩人必須服務於理性。詩人應該用這樣的藝術環繞著理想國的公民，以「不自覺地從童年引導他們愛理性的美、類似理性的美，並與理性的美和諧相應」。

使用「不自覺地」這個詞語顯示了柏拉圖保持完整形而上學帷幕的意圖。那些被引導到理性的人無法意識到這一點，他們必須在不自主的情況下被引導到理性。柏拉圖對詩人們的要求不是創造，而是欺騙。

眞正的詩人不會讓任何人不自覺地被引導。詩人，也就是各種形式的創作者，尋求的正是自覺。他們展示的藝術並不是爲了使其看起來眞實；他們以一種揭示眞實爲藝術的方式，展示眞實。

確實，我們必須提醒自己，柏拉圖本身就是一位藝術家，一位創作者。他的《理想國》（*Republic*）是一種創作。形式理論與善的觀念也是如此。由於所有的帷幕遮蔽都是自我遮蔽，我們不禁想到，在理性的形上學家之後，哲學的大師玩家柏拉圖的背後，站著一位詩人。他充分意識到整個作品是一種遊戲，是對讀者的一種邀請，不是爲了重現眞理，而是讓讀者將他的創作納入他們自己的遊戲中，藉由變化來延續他的藝術。

50

我們可以發現形上學家在思考，但無法在他們的思考中找到形上學家的存在。當我們將形而上學與思考者分開時，我們得到的是一個抽象的概念，一個曾經有生命的行爲的永恆陰影。這不再是有人正在說些什麼，而是有人曾經說過的內容。當形而上學在自身的術語上最爲成功時，它會使聽衆陷入沉默，而不是引起笑聲。

形上學談論眞實，但又是抽象的。詩歌創造（poiesis）出眞實，是具體的。每當作品（poiema）與創作者（poietes）分離，它就成了形上學的。當它獨立存在時，而創作者的聲音不再被聆聽，作品就成了被研究的對象，而非學習的行爲。我們無法向對象學習，只能向創造過程或創造的行爲學習。將作品從創作行爲中分離出來，是劇場化的本質所在。

詩人無法殺人；他們會死亡。形上學無法死亡；它會殺人。

（Poets cannot kill; they die. Metaphysics cannot die; it kills.）

第三章

Chapter 3

我是我自己的天才

51

我是我自己的天才，創造了我說出的句子和我採取的行動。思考的是我，而不是思想。行動的是我，而不是意志。感受的是我，而不是神經系統。

當我作爲天才發言時，我第一次說出這些話語。而重複話語，等同於借他人之口陳述，換言之，也就不是我所陳述的了。成爲我言語的天才，意味著成爲我話語的源頭，第一次，也是最後一次陳述它們。即使是重複自己的話語，也像是把自己當成異時空的他者在陳述。

當我放棄我的天才身份，以另一個人的口吻與你對話時，我也將你看作另外的人，而對話的地方也不是你所在之處。我把你當作觀眾，並不指望你以你作爲天才的身份回應。

當哈姆雷特說自己在閱讀時，他並不是眞的在閱讀；當我們行動時，我們也不是眞的在行動；當我們思考時，我們也不是眞的在思考。一隻被教導握手動作的狗，不是眞的握你的手。一個機器人可以陳述話語，但無法眞正對你陳述。

成爲你自己的天才是傳奇性的，擁有無限遊戲的所有弔詭之處：唯有釋放你所擁有的予他人，你才能眞正擁有。你的話語之音雖出自你的嘴唇，但若你不放手將它們交給聽衆，它們永遠不會成爲話語，而你什麼也沒有陳述。言語隨著聲音消逝。與我對話時，你的話語成爲了我的，我可以隨心所欲地使用。作爲你話語的天才，你失去了對它們的所有權威。思想也是如此。無論你如何認定它們屬於你，你都無法思考思想本身，只能思考它們指涉的內容。你無法思考思想，就像你無法執行行動一樣。如果你無法眞正說出那些完全存在於自身聲音中的話語，那你也無法思考那些仍純粹的思想，或者可以轉化回思想的內容。在思考時，你使思想超越自身，任憑它們臻至不可企及之處。

天才的弔詭直接將我們帶入開放互惠的動態中，因爲如果你是對我訴說衷腸的天才，我就是聽你傾訴的天才。你原本的陳述，我只能以本來面目聽見。當你交出唇上的聲音，我也交出耳中的聲音。我們都向彼此交出了已交付的東西。

這並不意味著言語歸於無用。恰恰相反，它成爲一種開啟對話的言語。當言語的天才被放棄時，話語將不再是原創的，而是重複的鸚鵡嚼舌。重複話語，即使是我們自己的，也是將它們禁錮在自身的聲音中。遮蔽的言語，就像是我們忘記了自己是其創造者而說出來的。

說話、行動或思考原本意味著抹去自我的邊界，拋開有疆域的人格。一個天才不是滿腹思想，而是思想的創造者，是眼界的中心。然而，只有在我們意識到它包含其他眼界的原創中心時，這個眼界才能被認可。

這並不意味著我能見你所見。恰恰相反，正是因爲我無法見你所見，所以我才看見。發現你是你自己眼界獨一無二的中心之時，我亦發現自己是自身眼界的中心。

52

身爲自己的天才，我們不是在看（look），而是在看見（see）。

「看」某物是從它的限制中觀看。我看到的是被劃定出來的，與其他事物分開的東西。但事物並沒有自己的限制。它們不自我設限。在無形的氣流中盤旋的海鷗、我桌上的貓、遠處救護車的警報聲並非與環境有別;它們就是環境的一部分。要觀看它們,我必須尋找我認爲它們所代表的東西。我看海鷗時,並沒有將牠們視爲碰巧在那的存在——我是在尋找可供舉例的事物。我可能把它們視爲陸地不遠或海洋不遠的標誌;我可能在尋找一個可以在畫布上或詩中再現的形式。看著(look at)某物就是在尋找(look for)某物。我們帶著限制一同前行。「大自然沒有輪廓,想像力有。」【布萊克(William Blake),一七五七年至一八二七年,英國詩人。】

如果「看」是指在限制內看著,那麼「看見」則是看見這些限制本身。每一個新的繪畫流派之所以新,不是因爲它包含了先前作品忽略的主題,而是因爲它能看見先前藝術家對主題所加諸的限制,而這些限制藝術家們自己都未能察覺到。較早期的藝術家在他們所想像的輪廓中工作;而後來的藝術家則重新塑造了他們的想像力。

「看」是一種疆域性活動。它是在一個有界空間內觀察一件又一件的事物,好像它們早晚都可以被看見。學術領域就是這樣的疆域。有時候,某個領域的方方面面最終都會被看到和定義——也就是被放置在其正確位置上。力學和修辭學就是這樣的領域。物理學可能也會如此。生物學的謎團則以驚人的被破解。愈來愈難找到新的研究對象來觀察了。

當我們從「看」轉向「看見」時，我們並沒有因此失去對觀察對象的注目。事實上，「看見」不會干擾我們「看」。反之，它讓我們作爲那個領域的天才置身其中，意識到我們的想像力並不在其輪廓內創造，而是創造了輪廓本身。「看見」的物理學家與我們一同談論物理學，領我們看見我們以爲存在的其實根本不存在。向這樣的人學習新的限制，我們不僅學會如何尋覓限制，還學會如何看見我們運用限制的方式。這般教授的物理學變成了詩意的創作。

53

成爲自己的天才並不意味著創造自身的存在。作爲自身的起源，我不全是自己的起因，就好像我不全是自己行動的產物。但同樣地，我也不是任何其他行動的產物。我的父母可能盼望有一個孩子，但他們無法盼望到我這具體的個體存在。

我既是過去的結果，也是過去的轉化。作爲過去的結果與過去相關，就是與過去保持因果連續性。這樣的關係可以在科學解釋中說明。我可以被說成是精確遺傳影響的結果。我出生的日期和地點是因果的必然性；兩者我都沒有參與決定。同樣，其他人也無法選擇它們。從因果連續性的角度來理解，我的誕生並沒有標誌著絕對的開始。除了在連續不斷的過程中的一個任意點之外，它沒有標誌任何東西。從因果的角度來說，這裡沒有什麼新鮮事物，只有符合已知自然規律的變化。

從純粹的因果關係來說，我不能說我出生了；應該更正確地說，我作爲繁殖過程中的一個階段出現了。繁殖是一種重複，是過去事物的一種再現。另一方面，從因果關係來看，出生是不連續的。它自有其開端，不肇始於任何事物。說「我在這個日期和這個地方出生」是沒有意義的。說「我出生了」，就是說我在連續的領域裡有一個無因的起點，一個無法以可解釋的智力來理解的絕對起點。

在這種現象中，出生並不重複任何事情；它不是過去的結果，而是重演正在上演的傳奇（drama）。出生是一個家庭史、乃至一個文化史中的事件。出生的根本獨特性體現於它使將傳奇性與文化或家族史中的戲劇性相衝突。

戲劇性地，我的出生是個編排好的重複事件。我作爲家庭和文化的另一個成員出生。「我是誰」這個問題，已經由傳統的內容和特質給出了回答。傳奇性地，我的出生是這個重複序列的斷裂，一個必然會改變過去意義的事件。在這種情況下，傳統的特質由我是誰所決定。從傳奇的角度來看，每一個出生都是天才的誕生。

我出生時正上演的這場傳奇，因爲一個新的天才出現而走向了新的可能性。然而，這場傳奇已經充斥著有限遊戲玩家，他們試圖遺忘，永遠地玩下去。如果我出生在一個家庭，並爲其文化增添了元素，那麼我也是其政治的產物和公民。我首次體驗到劇場與傳奇之間的衝突，是因爲感受到了擔起爲我準備的角色的壓力：長子、最受寵愛的女兒、家族榮譽的繼承者、復仇者。

每個角色當然都伴隨著一個劇本，一個人可能花一生的時間重複說這些台詞，同時有意忘記或壓抑這只是一個已知劇本的事實。這樣的人「被迫將被壓抑的素材作爲當代的重複體驗，而不是像醫生希望的那樣將其視爲過去的一部分來記住。」（佛洛伊德，Sigmund Freud，一八五六年至一九三九年，精神分析學派的創始人。）正是我們內在的天才知道過去絕對是過去了，因此不會永遠封存，而是永遠開放進行創造性的重新詮釋。

54

不讓過去成爲過去，可能是有限玩家嚴肅性的主要來源。就有限遊戲總是有其觀衆而言，有限玩家的目的是要被觀衆認定爲贏家。換句話說，有限玩家不僅需要觀衆，還需要說服觀衆。

就像贏家的頭銜如果不被別人看到就毫無價值一樣，有一種反頭銜與不可見有關。只要我們是不可見的，我們的過去就註定會被遺忘。好像我們在某種程度上被忽視了，甚至被我們選擇的觀衆遺忘了。如果贏家是目前可見的，那麼輸家就是不可見的過往雲煙。

當我們以嚴肅的心態而非歡樂地進入有限遊戲，我們來到觀衆前，意識到自己承擔著不可見的反頭銜。因此，我們覺得有必要向觀衆證明，我們並不是我們猜想他們認爲的那個模樣，或更精確地說，我們並非我們猜想觀衆認爲我們曾是的那個模樣。

與所有有限遊戲一樣，這一嘗試的核心迅速產生了一個尖銳的矛盾。作爲有限玩家，除非我們自己被我們打算說服的觀衆所信服，否則我們不會有足夠的渴望去贏得比賽。也就是說，除非我們相信我們眞的是觀衆眼中的輸家，否則我們不會有贏得比賽所必需的渴望。隨著我們對自己評價愈低，我們就愈努力扭轉他人對我們的負面評判。結果將矛盾發揮到了極致：通過向觀眾證明他們是錯的，我們向自己證明觀眾是對的。

愈是被認可爲贏家，我們愈覺得自己是輸家。這就是爲什麼高度令人垂涎和廣受關注的獎項的獲獎者，很少滿足於他們的頭銜並退休的原因。贏家，尤其是備受讚揚的贏家，必須一再證明自己是贏家。這段劇本必須一次又一次地演繹。頭銜必須在新的比賽中加以捍衛。沒有人能夠擁有足夠的財富，足夠的榮譽，足夠的掌聲。相反，我們勝利的能見度只會加劇我們不可見的過去中的失敗所帶來的困境。

過去對於有限遊戲來說至關重要，我們必須想辦法記住自己被遺忘的經歷，以維持我們對奮鬥的興趣。在所有嚴肅衝突的底層，都有一個令人羞辱的記憶。「勿忘阿拉摩戰役（Alamo，一八三六年德州脫離墨西哥獨立的關鍵戰役）！」「勿忘緬因號戰艦（USS Maine，一八九八年爆炸引發美國與西班牙戰爭）！」「勿忘珍珠港！」這些呼喊聲曾促使美國人投身於幾場戰爭。波斯大帝大流士一世（Darius the Great）曾一度受到雅典的侮辱，他通過一名隨從在耳邊悄聲說話來喚醒他對戰爭的渴望：「陛下，勿忘雅典人。」

確實，只有記住我們所遺忘的，我們才能以足夠的強度投入競爭，才能忘記我們已經遺忘了所有遊戲的本質：誰必須參與，誰就無法參與。

無論何時，只要我們作爲自己的天才行事，就會本著讓過去隨風而逝的精神。正是我們內在的天才能夠運用尼采所說的「遺忘的能力」來滌蕩怨恨，這並非否定過去，而是爲了藉我們自己的獨創性來重塑過去。然後，這樣一來，我們便會忘記自己已被觀眾遺忘，並記得我們遺忘了自己遊玩的自由。

55

如果在我們所身處的文化中，總是有些人通過提供可重複的過去，來敦促我們將生活劇場化，那麼也將會有一些人（可能是同樣的一批人），讓我們在其面前學會爲驚喜做好準備。正是在這些人面前，我們才第一次認識到自己是天才。

這些人並沒有賦予我們天才，亦沒有在我們身上產出天才。天才的源頭絕不是外在的；從來不會有孩子因外界因素而變成天才。天才來自於觸動（touch）。而觸動是無限遊戲中經典的弔詭現象。

只有當我們之間的距離歸零時，我才會被他人所觸動。只有當我從自己的本心，也就是自發地、原創地回應時，我才會被觸動。但你只有從你自己的本心、從你的天才觸動我。觸動永遠是相互的。除非我回應你，否則你無法觸動我。

觸動的對立是移動（move）。你透過從外部對我施加壓力，使我朝著你已經預見，或許已經準備好的地方移動。這是一種被安排好的行動，只有當你自己保持不動，才能成功移動我。我可以被技藝高超的表演和令人心碎的報導感動（moved）得流淚，或者被政治宣言和英勇成就的故事感動，但在這些情景裡，我都是按照一個公式或設計被感動，而演員或行動者對此是免疫的。如果演員被自己的表演弄哭，而不是因表演所需而哭，從劇場角度來看，他們技藝不精。

這意味著我們只能被那些不是自己本眞的人所感動；只有我們不是自己，而是我們無法企及的存在時，我們才能被感動。

當我被觸動時，我僅僅是作爲所有劇場化面具背後的那個眞我而被觸動。但同時我內在發生了改變，而觸動我的人也同樣被觸動了。我們的觸動並非有意爲之。的確，所有的設計都會在觸動中被粉碎。無論觸動者和被觸動者，都不免驚訝。（這種現象的不可預測，體現在英語中稱精神病患爲「touched」。）

我們依憑面紗只能被感動（moved），而我們穿透面紗能被觸動（touched）。

56

從無限遊戲玩家對於療癒和「性」(sexuality)[11] 的理解中，可以清楚看到觸動的特質。如果被觸動是從一個人的本心做出回應，那麼它也是作爲一個完整的人做出回應。完整就是矍鑠、健康的意思。總而言之，被觸動的人就是被療癒的人。

有限遊戲玩家的興趣不在於被療癒（healed）或變得完整，而是在於被治癒（cured）或恢復機能。療癒使我能夠重回遊戲，治療則使我能夠重返某個遊戲的競爭。

負責治療的醫生必須將人抽象化爲機能。他們治療疾病，而不是治療人。而人們自願地將自己呈現爲機能。事實上，正是這種將自己視爲機能或機能組合的普遍渴望，支撐著治療職業龐大的規模和成本。生病意味著機能失調；機能失調意味著無法參與自己偏好的競爭。這是一種死亡，一種無法獲得榮譽的無能。病了就不可見了。疾病總是帶有死亡的氣息：它可能導致死亡，或者導致一個人競爭地位的消亡。對疾病的恐懼就是對失敗的恐懼。

人生病不是抽象地生病。生病總是與某些活動受限有關。我之所以生病，不是因爲患了癌症，而是因爲無法工作、奔跑或吞嚥。機能喪失、活動受阻本身並不會摧毀我的健康。我太重無法揮舞手臂飛行，但我不會因此抱怨因體重而生病。然而，如果我渴望成爲時尚模特兒、舞者或騎師，我會認爲過重是一種疾病，並且很可能會諮詢醫生、營養師或其他專家來治癒它。

當我被療癒，意味著我回到本心，我作爲人的自由並不因爲機能喪失而受損。這意味著在我能被療癒之前，疾病不需要被消除。我的自由不在於能夠克服病弱，而在於能與病弱和平相處同存共舞。我的疾病被治癒（cured of illness），而我在疾病中被療癒（healed with illness）。

當然，療癒具有觸動雙向互惠的特性。正如我無法觸摸自己一樣，我也無法自我療癒。但療癒並不需要專家，只需要那些能夠出於本心來到我們身邊的人，以及那些自己準備好被療癒的人。

---

[11] 編註：關於 sexuality 的中文譯法，在中文性別研究史上有諸多討論，莫衷一是，經請教相關專業人士審定意見後，本書採用目前主流的做法，即將此字處理為「性」，並於每次出現時括號原文，與 sex 區分。

57

對於無限遊戲的玩家來說，「性」(sexuality)就是另一種觸動。觸動必然伴隨著「性」(sexuality）的面向。

由於「性」（sexuality）是一場生命起源的傳奇，它充分展現了你以及其他參與玩家的天才。這對政治理論家提出了一個嚴峻的挑戰。意識到眞實的「性」（sexuality）的表達對社會的危害，與不亞於眞正的藝術表達般強烈，性形上學家提出至少兩個有力的解決方案。一個是將「性」（sexuality）視爲繁殖的過程；另一個是將其置於感受和行爲的領域中。

雖然繁殖是透過我們身體進行的過程，但它仍然是自主運行的。像其他自然過程一樣，它是一個因果連續的現象，沒有固有的開始或結束。因此，我們不能藉自己的行爲來啟動這個過程。我們只能被它帶著前進，因爲只有在父母雙方滿足所有必要條件時，受孕才會發生。沒有人獨自懷上一個孩子；孩子是在精子和卵子結合之時孕育的。並不是母親生下一個孩子；母親是分娩發生的地方。

應用到這個解決方案上，「性」（sexuality）的形上學在性活動周圍劃定一個界線，將親職教養的天才完全排除在外。因此，一些基督教神學家常見的觀點是，性行爲的唯一目的是生育。然而，這種形上學觀點，雖然致力於過程的連續性，但同時也將孩子的天才完全排除在外。因此一些神學家常說，分娩的目的是爲了爲上帝的王國提供子民。從形上學的角度來理解，「性」（sexuality）與我們作爲人的存在無關，因爲它認爲人是「性」（sexuality）的表現，而非「性」（sexuality）是人的表現。

第二種遮蔽眞實的「性」（sexuality）的方式，是將其視爲一種感受或一種行爲。無論是第一種方案還是第二種方案，它都帶有作爲某種被觀察之物的特性。即使我們關心的是自己的「性」（sexuality），我們仍然可以從外部看待它，對其進行評估，好像它屬於另一個人。我們問自己和彼此，某種行爲是否可接受或値得擁有；我們對於如何適當回應與「性」（sexuality）相關的感受感到困惑——無論是我們自己的還是別人的。如此，「性」（sexuality）被認定成一種社會現象，根據主流意識形態規範和管理。挑戰性機制的反叛者、與「性」（sexuality）相關禁忌的違犯者並不會削弱這種意識形態，反而肯定它是有限遊戲的規則。

將挑戰整套性機制的異類所做之事視爲破壞規則，似乎是直接方便的想法。但事實上要更微妙得多。他們本身並無意對抗規則，而是想通過這些規則進行競爭性鬥爭。性吸引力或性感魅力僅在某人感到冒犯時才有效果。色情之所以令人興奮，是因爲它揭示了一些被禁止的、不見容於世的東西。因此，它具有強制性的敵意，具有震撼和暴力的特質。

由於「性」（sexuality）蘊含著豐富的生命起源之謎，它成爲人類行動的一個深受怨恨影響的領域，玩家們在這裡上演著多種敵對交鋒的策略。參與「性」（sexuality）的有限遊戲的玩家不僅要求那些拒絕加入者頑抗，也要求那些確實加入者的抵抗。

一方在「性」上的密謀實際上是由另一方的不感興趣、恐懼或厭惡所激起。「性」（sexuality）的有限遊戲的大師玩家選擇不將這些態度視爲拒絕，而將其視爲遊戲的一部分。因此，我對於你所具有之「性特質」（sexuality）[12] 的冷漠或厭惡在你精心編排的遊戲中變成了一種性冷漠、性厭惡。突然之間，我不再對你的遊戲無動於衷，而是對遊戲中的你無動於衷，自動地使自己成爲你的對手。這正是古典小說和好萊塢浪漫故事的情節：冷漠的女孩被熱情的男孩所征服。

這種性遊戲的深刻嚴肅，在於勝利者所獲得的獎品的獨特性質。在性的競賽中，人們追求的不僅僅是戰勝對方，而是擁有被戰勝的對方。「性」（sexuality）是唯一一個獲勝者的獎品是戰敗者的有限遊戲。

性的所有權像其他所有的所有權一樣，有適當的醒目象徵。然而，只有在「性」（sexuality）方面，人本身才會成爲某種財產。在奴隸制或雇傭勞動中，我們所擁有的不是奴隸或勞工本身，而是他們勞動的產品。在這種情況下，用馬克思的話來說，人被抽離出他們自己的勞動。但在「性」（sexuality）的面向上，人被抽離出他們自身。勝利者將被誘惑的對手公之於衆，以使公衆留意到贏家的大獲全勝。在性邂逅的複雜情節中，雙方互相玩弄的雙重遊戲並不罕見，每個人都是贏家和輸家，並且彼此都是對方性吸引力的一個象徵。

社會在管理「性」（sexuality）這方面爐火純青，其精湛之處不在於明訂各種性行爲標準，或規定對性有關的情感採取規範的態度，而在於它制度化了性征服的象徵性展演。這些制度變化各異，如在丈夫的葬禮柴堆上活活燒死寡婦，或要求配偶在民選官員

12編註：此處經審定者建議，參考阮芳賦老師於二〇〇九年所提出的特殊譯法，根據上下文脈絡翻譯為「性特質」。

的就職典禮上公開露面，不一而足。

「性」（sexuality）的有限遊戲是一種劇場化形式，其中人與人之間的距離經常被縮短爲零，但卻誰也無法觸動彼此。

58

就「性」（sexuality）是一齣生命起源的傳奇而言，它是社會的原創，而不是社會的衍生。因此，把社會描述爲「性」（sexuality）的有限遊戲的監管者，便不免有些誤導。我們只確切地說，是「性」（sexuality）的有限遊戲塑造了社會，而不是被社會所塑造。我們只在有限的程度上扮演社會賦予我們的性角色。更多時候，我們通過性角色來進入社會安排。（例如，我們更傾向於稱國王爲一國之父，而不是稱父親爲一家之王。雖然社會確實具有規範功能，但或許更正確的理解是「性」（sexuality）利用社會來自我規範。）

這意味著在引發或預防性衝突方面，社會幾乎沒有任何作用。相反，社會將性衝突吸納進其所有的結構之中。它成爲一個更大的劇場，用來展現在家庭中學會的怨憎模式。在社會中，我們向作爲觀衆的父母證明，自己並非我們以爲他們所想的那樣。在這種關係中，重點不在於父母對我們的看法，而在於我們認爲他們對我們的看法，他們成爲一個卽使不在場或去世後也能輕易存在的觀衆。而且，出於同樣的原因，他們成爲我們永遠無法贏得明確認可的觀衆。

使用佛洛伊德的名言來概括，文明卽不滿[13]。我們不是在文明中成爲輸家，而是身爲輸家的我們變得文明。這種難以根除的失敗感帶來的集體結果是文明被打上一種怨恨的烙印。對於想像中的觀衆高度敏感，他們容易被其他文明觸怒。事實上，卽使是最弱小的社會也可能令最強大的社會窘迫：阿富汗令蘇聯窘迫，阿根廷令英國窘迫，格瑞那達（Grenada）令美國窘迫。

這也是爲什麼唯一、眞正的革命不是兒子推翻父親（這只會加強現有的怨恨模式），而是將天才重新賦予「性」（sexuality）。美國公民唯一一次成功推動結束的對外戰爭（卽越戰），恰好與人們關於「性」（sexuality）的看法大幅轉變同時發生，這絕非偶然。然而，文明很快從這個威脅中恢復過來，誘使這些革命者投入到一種新的性/別政治中，一種

13編註：此處原文為”the civilized are, therefore, the discontent.”，但未見於佛洛伊德相關著作中，應為作者翻玩與延伸佛氏晚年著作《文明及其不滿》（*Civilization and Its Discontents*）的概念，故中文翻譯上也採容易聯想此書的處理方式。

社會對峙的狀態，其中，「性」（sexuality）的天才與通過平權修正案（Equal Rights Amendment）和選舉女性擔任國家官職等鬥爭被混爲一談。

「性」（sexuality）的有限遊戲的張力還以另一種方式形塑了社會，可以從另一方式理解：在社會對待財產的取向上。由於「性」（sexuality）是「贏家的獎品是輸家」的唯一有限遊戲，最理想的財產形式是得以公開確認對另一人的所有權，當然這種關係必定是自願同意的。除此之外，所有其他形式的獎品即使數量再大，都遠遠不如這種關係吸引人。事實上，財產的眞正價值並不取決於金錢，而是它強有力地宣告了，我是我們彼此遊戲中無庸置疑的大師玩家。

最嚴肅的鬥爭是爲了爭奪性資產。爲此，人們征戰、冒著生命危險，盤算偉大的謀略。然而，誰贏得了帝國、財富和名聲，卻輸掉了愛情，誰就輸掉了一切。

59

因爲有限的或遮蔽的「性」（sexuality）是一場玩家們都想贏的鬥爭，所以它指向的是瞬間、結果和最終場景。就像所有的有限遊戲一樣，它主要通過欺騙來進行。性的慾望通常不是直接宣布的，而是隱藏在一系列的佯攻、手勢、穿著風格和花哨行爲之下。誘惑是有劇本、有台詞和精心打扮的。人們尋求特定的回應，策劃後續的情節。在巧妙的誘惑中，會使用延遲的手法，安排特殊的情境和場景。

誘惑是爲了結束而設計的。時間耗盡了。遊戲結束了。剩下的只有回憶，那一刻的記憶，也許還有重來一遍的渴望。誘惑無法重複。一旦在特定的有限遊戲中獲勝或失敗，遊戲就無法重來。曾經抵達的時刻無法再次抵達。戀人們常常保持著對非凡時刻的生動回憶，但他們同時也意識到無法重溫這些時刻。在性愛中對新鮮事物的渴望（新的體位、藥物使用、異國環境、額外的伴侶），都只是尋找只能存在於回憶中的新時刻。就像所有有限遊戲一樣，遮蔽的「性」（sexuality），目標是將自己帶到終局。

60

相比之下，無限遊戲玩家對誘惑或將他人的自由限制在自己的遊戲範圍內毫無興趣。無限遊戲玩家認可「性」（sexuality）各個方面的選擇。例如，他們可能會在自己身上或他人身上——看到嬰兒爭奪母親的慾望——但他們也看到在「性」（sexuality）的各種模式中，既不存在生理宿命，也不存在社會宿命。選擇與他人競爭的人，也可以選擇與他人玩樂。

對於無限遊戲玩家來說，「性」（sexuality）不是一個有界限的現象，而是一個視野無限開展的現象。因此，我們無法說某個人是同性戀、異性戀、獨身、通姦還是忠誠，因爲這些定義都涉及邊界、限制範圍和遊戲風格。無限遊戲的玩家不在「性」（sexuality）的邊界內遊戲，而是與性的邊界共舞。他們關心的不是權力，而是眼界。

在他們「性」（sexuality）的遊戲中，他們容忍他人，允許他們維持本色。容忍別人，他們敞開了自己。透過敞開心扉，他們了解他人和自己。透過學習，他們成長。他們所學的不僅僅是關於「性」（sexuality），而是如何更具體和原創地成爲自己，成爲自己行動的天才，成爲完整的人。

因此，從本心出發，無限遊戲玩家的「性」（sexuality）參與沒有標準、沒有理想、沒有成功或失敗的標誌。在他們的遊戲中，無論是高潮還是受孕，都不是目標，儘管這兩者可能是遊戲的一部分。

61

「性」（sexuality）的無限遊戲中沒有任何隱藏的事情。性慾被展現出來，作爲性慾本身而存在著，因此它從不嚴肅。性慾的滿足從來不是一種成就，而是持續關係中的一種行爲，因此是喜悅的。性慾的不滿足也從不是一種失敗，而只是個需要進一步發揮的問題。

無限遊戲中的愛人們可能有、也可能沒有家庭。盧梭曾說人類唯一不符常規的制度便是家庭，它在短暫的時間內是自然所需的。但盧梭是錯誤的。沒有任何家庭是因自然或其他任何形式的必要性結合在一起的。家庭的形成只能基於選擇。無限遊戲中的愛人，他們的家庭與衆不同之處在於，它是不言而喩的選擇。這是一場漸進的揭幕。在這樣的家庭中，父親和母親的角色都是自由扮演的，但總是以劇場化的方式呈現。在這樣的家庭中，父母的意圖是向孩子們表明，他們都在扮演文化角色而不是社會角色，他們只是角色，而背後都是眞實的人。因此，孩子們也明白只有藉著選擇擁有、藉著與彼此組建家庭的集體行動，他們才能擁有家庭。

62

「性」（sexuality）的無限遊戲不將注意力集中在身體的某些部位或區域上。無限遊戲中的愛人沒有所謂的「私密部位」。他們不認爲自己的身體擁有秘密區域，可以向他人展示或提供特別優待。他們讓他人親近的不是身體，而是自己的內在人格。

「性」（sexuality）的無限遊戲的弔詭在於，透過把「性」（sexuality）視爲人而不只是肉體的一種表達，它成了充分體現的遊戲。它變成了一場觸動的傳奇。

「性」（sexuality）的有限遊戲的勝利是在遊戲中解放出來，進入肉體。「性」（sexuality）的無限遊戲的本質，則是與肉體一同解放，進入遊戲。在「性」（sexuality）的有限遊戲中，我將你視爲肉體來交流；而「性」（sexuality）的無限遊戲，我期望在你的身體中與你交流。

無限遊戲的愛人以一種方式遵從他人對「性」（sexuality）的期待，這種方式不是揭示隱藏的東西，而是展示了某些顯而易見的事實：「性」的參與是自由人的創作。在這種揭示中，他們展現出他們眞實的人格。他們以自己的局限與他人相遇，而不是被自己的局限所限制。藉由這樣做，他們期望被轉化，並且眞的被轉化了。

第四章 Chapter 4

世界中的有限遊戲*

63

有限遊戲發生在世界中。它在時間、數量和空間上有所限制，這意味著存在著限制所針對的東西。每個有限遊戲都有一個外部存在。除非有某種東西需要限制，除非有更大的空間、更長的時間、更多可能的競爭者，否則遊戲的限制就毫無意義。

有限遊戲本身並不能決定在何時、由誰和在哪裡進行。

有限遊戲的規則會指明遊戲本身的時間、空間和數量的特性；例如，競賽持續六十分鐘，場地長度爲一百碼，由兩支各有十一名球員的隊伍對抗。但是，這些規則並不能確定日期、地點和具體參與者。在這些規則中沒有強制要求以特定人員組成的職業團隊，也沒有規定他們必須賺取特定的薪資，參加每個例行賽季後的國家錦標賽。行醫或擔任羅馬主教職務的規則中，並沒有指明誰可以加入這些圈子；是有指明特定類型的人，但從不涉及具體人名。

世界提供了一個絕對的參照，否則，時間、地點和參與者就毫無意義。

遊戲內發生的任何事情，參照遊戲邊界內發生的其他事情，都是相對可以理解的。但參照遊戲邊界存在的那個世界，則是絕對可以理解的。

相對而言，以數千票的優勝在經過約十個月的競選後當選總統是可以理解的；絕對而言，在一個明確劃定邊界的社會中成爲美國第十六任總統，在那個世界的歷史上是可以清晰理解的，而這個世界的年份是一八六〇年。

只有將遊戲置於一個絕對的世界尺度中，我們才能精確理解比賽獲勝對贏家意味著什麼。

64

世界以觀衆的形式存在。世界並非所有事情的一切，而是決定所有事情的一切。

觀衆由那些觀察比賽而不參與其中的人組成。

沒有人能夠決定誰是觀衆。任何權力的行使都不能創造一個世界。一個世界必須是自身的自發源泉。如海德格（Martin Heidegger，公元一八八九至一九七六年，德國哲學家）所說：「一個世界自行成世界」（A world worlds）。誰必須是世界，誰就不能是世界。

觀衆加入的人數無關緊要。觀衆出現的時間和空間也是如此。對於觀衆或世界而言，有限遊戲的時間和空間邊界必須是絕對的。但是，世界何時何地出現、包括誰在內，並不重要。人們不會說，「一九六三年十一月二十二日那天，我是世上的一名旁觀者」，而是說，「我當時剛下車，正在考慮晚餐要做什麼，突然聽到總統被槍擊的消息」。觀衆的身份不是根據其中的人來確定，而是根據他們觀察的事件來確定。記得那一天的人們之所以記得當天下午時間正在做什麼，不是因爲那是十一月二十二日，而是因爲在那一刻，他們成爲了那一天事件的觀衆。

如果觀衆的邊界是無關緊要的，那麼重要的是觀衆的統一性。他們必須是一個單一的實體，他們的願望結合在一起，希望看到眼前的比賽中誰將獲勝。任何不以這一願望爲重的人，都不是這場比賽的觀衆，也不是那個世界中的人。

有限遊戲需要觀衆才能進行，而觀衆需要專心地投入到眼前的事件中，這兩事實顯示了有限遊戲和世界之間重要雙向的關係。有限遊戲的玩家需要世界來提供理解自身的絕對參照；同時，世界需要有限遊戲的劇場來保持自身的存在。艾略特（George Eliot，公元一八一九至一八八〇年，英國小說家）筆下的《丹尼爾・德隆達》（*Daniel Deronda*）中邪惡貴族角色格蘭科特（Henleigh Mallinger Grandcourt）「並不在乎任何人的羨慕；但是這種不在乎的狀態，就像欲望一樣，需要與之相關的對象，即一個由羨慕和嫉妒的觀衆組成的世界：因爲如果你喜歡冷漠地看著微笑的人，那些人必須在那裡，而且他們必須微笑。」

我們時而是正在尋找世界的玩家，時而又是正在尋找玩家的世界，有時我們同時具備這兩個身份。有些世界很快形成，也很快消失。有些世界可以維持更長的時間，但沒有一個世界可以永遠存在。

65

世界的數量是無窮的。

66

遊戲與世界的雙向關係，對參與者產生了另一種更深層次的影響。由於有限遊戲的嚴肅性來自於玩家需要糾正他人對自己的假定評價，所以不需要觀衆親自在場，因爲玩家已經是他們自己的觀衆。就像在「性」（sexuality）的有限遊戲中，父母的缺席或去世不會影響孩子證明父母有錯的決心一樣，有限遊戲玩家在競爭的過程中成了自己的敵對觀察者。

我無法成爲一個不與自己分裂的有限遊戲玩家。

觀衆中也存在著類似的動態。當觀衆足夠無視自己的旁觀者身份時，有限遊戲的觀察者們會全神貫注，以至於失去了自己與玩家之間的距離感。輸贏不僅是玩家的輸贏，也變成觀衆的輸贏。因此，觀衆也陷入了與玩家相同的怨憎情緒，激發玩家展示自己並不是他人眼中的那個樣子。觀衆此時也受到同樣的約束，必須反駁那些不實評斷。

當我們問觀衆將在哪裡找到自己的觀衆時，我們發現觀衆天然就有陣營之分。每一個衝突的雙方都有各自的支持擁護者。只要衝突發生在有邊界的遊戲內，觀衆就會聯合起來，但這聯合體是由與自身的對立組成的。

我們無法成爲一個不與自己分裂的世界。

67

有限遊戲戲劇性地發生在世界之前，也發生在時間之內。由於其邊界，有限遊戲的開始和結束都在世界所確定的絕對時間限制之內，因此對有限遊戲的玩家而言，時間分秒滴答過去，直到用盡。時間是一個不斷減少的量。

有限遊戲沒有自己的時間。它存在於一個世界的時間中。觀衆給玩家贏得頭銜的時間是有限的。

遊戲初期，時間似是充足的，並存在著更大的自由發展未來的策略。而到了遊戲後期，時間迅速消耗。隨著選擇變得更有限，它們變得更加重要。錯誤變得更具災難性。

我們將童年和青年視爲那些充滿可能性的「人生時光」，僅因爲似乎仍然有很多成功的道路可以選擇。然而，隨著時間的推移，做出戰略上正確決策的競爭價值也在增加。相較於成年期，童年時期的錯誤更容易修正。

對於我們內在的有限遊戲玩家而言，自由是時間的一種功能。我們必須擁有時間才能自由。

時間的流逝總是相對於那些不流逝的事物，相對於永恆。勝利發生在時間中，但在其中獲得的頭銜是永恆的。頭銜既不會老化也不會消亡。

所有有限歷史的重要里程碑都是永不被遺忘的標誌性勝利：大衛王登上王位、救世主的降生、前往麥地那（Medina）的旅程、哈斯丁（Hastings）戰役，以及美國、法國、俄羅斯、中國和古巴的革命。

分割爲不同時期的時間，是劇場化的時間。一個時代開始和結束之間的時間間隔，就像是兩塊布幕之間的一個場景。這不是一個被人們生活的時間，而是一個被玩家和觀衆所觀看的時間。時間分割爲不同時期，預設著一個存在於遊戲邊界外的旁觀者，能夠同時看到開始和結束。

有限遊戲的結果，是註定發生的過去。無論誰爲了特定的結果而參與遊戲，都渴望著一個特定的過去。通過競爭未來的獎勵，有限遊戲玩家們爭奪著一段備受珍視的過去。

68

我們之中的無限遊戲玩家不是在消耗時間，而是在創造時間。因爲無限遊戲是傳奇性的，沒有預定的結局，它的時間是被生活的時間，而不是被觀看的時間。

作爲無限遊戲玩家，我們既不年輕也不老，因爲我們不是生活在別人的時間中。因此，沒有外在的方式來衡量一個無限遊戲玩家的時間性。時間對無限遊戲玩家來說並不會流逝。每個瞬間都是一個開始。

每個瞬間並不是一段時間的開始，而是賦予這段時間特定品質的一個事件的開始。對於無限遊戲玩家來說，並不存在所謂一小時的時間，但可以有愛的一小時，或哀悼的一天，或學習的一季，或勞動的一段時期。

無限遊戲玩家不是爲了塡滿一段時間而開始工作，而是爲了給工作注入時間。工作不是無限遊戲玩家消磨時間的方式，而是創造可能性的途徑。工作不是爲了達到並確保一個理想的當下以對抗不可預測的未來，而是爲了邁向一個自身也擁有未來的未來。

無限遊戲玩家無法說明他們在工作、愛情或爭吵中完成了多少，只能說其中還有多少未完成。他們不關心何時結束，只關心其中的結果。

對於我們內在的有限遊戲玩家而言，自由是時間的一種功能。我們必須擁有時間才能自由。對於我們內在的無限遊戲玩家而言，時間是自由的一種功能。我們自由地擁有時間。有限遊戲玩家將遊戲投入時間，而無限遊戲玩家將時間融入遊戲。

69

就像無限遊戲玩家可以參與任意數量的有限遊戲一樣，他們也可以成爲任何遊戲的觀衆。然而，他們這樣做是爲了觀察遊戲的過程，並清楚地意識到自己是觀衆。他們觀看，但同時也看到自己正在觀看。

對於有限遊戲的觀察者來說，無限遊戲仍然是不可見的。這樣的觀衆在尋找結局，尋求玩家如何結束事情，並完成未完成之事。他們在尋找耗盡時間，或即將耗盡的方式。有限遊戲玩家站在無限遊戲面前，就像站在藝術面前一樣，凝視著它，體驗它、將其視爲一種作品。

然而，如果觀察者看透了作品中的創作過程，他們就不再是觀察者了。他們發現自己置身於作品的時間之中，意識到它仍未完成，並且意識到他們對詩歌的閱讀本身亦是詩歌。受到藝術家的天才感染，他們重拾自己的天才，成爲一個充滿無限可能的新手。

如果有限遊戲的目標是贏得永恆的榮譽，從而贏得永生，那麼無限遊戲的本質則體現於它和時間性的弔詭交鋒，德國神秘主義神學家艾克哈特大師（Meister Eckhart，約公元一二六〇至一三二八年）稱之爲「永恆的誕生」（eternal birth）。

*編註：本書所有章節名均與各章開頭第一句話相同，然本章標題："A Finite Game Occurs Within A World." 譯文為顧及上下文理解，故未與標題統一譯法，在此說明。

第五章

Chapter 5

大自然是不可言說的領域

70

大自然是不可言說的領域。它沒有自己的聲音，也無話可說。我們體驗到大自然的不可言說，是因爲它對人類文化無動於衷。

我們之中的大師玩家幾乎無法容忍這種無動於衷。實際上，我們將其視爲一種挑戰，一個對抗和鬥爭的請戰書。如果大自然無法爲我們提供家園，什麼也無法給予我們，那麼我們將會爲自己開闢和安排一個空間。爲了文明，我們將大自然視爲需要被征服的對手。技術發展被我們尊奉爲現代社會最重要的成就之一，因爲我們得以能夠駕馭變幻莫測的大自然。

這種努力的主要形式，是將我們與大自然的關係劇場化。像任何一位大師玩家一樣，我們耐心地注意對手行爲中最細微的蛛絲馬跡，以此防備任何出其不意。就像獵人追蹤獵物一樣，我們學會了模仿大自然的行動，等待著抓住它們的機會，不讓它們從我們手中逃脫。「要想駕馭大自然，必須服從大自然。」（培根，Francis Bacon，公元一五六一至一六二六年，英國哲學家。）透過學習它的祕密劇本，我們彷彿也學會成爲大自然的導演。幾乎沒有什麼能讓我們感到驚訝了。

我們對抗大自然的鬥爭基於這樣一種假設，即在大自然的深處，存在著一種結構，一種秩序，最終可以被人類理解。由於這種與生俱來的結構決定了事物變化的方式，並且本身不受變化的影響，我們說大自然是有規律的，是按照可預測的模式不斷重複。

透過證明某些事件根據已知法則重複出現，我們所做的就是解釋這些事件。解釋是一種論述方式，我們藉此說明爲什麼事情必須如此。所有用於解釋的法則都是從結論或一序列的終點向前回溯的。在所有解釋性的論述中，都隱含著這樣一個觀點：就像過去事件的結果中存在可被發現的必然性，未來事件中也存在可發現的必然性。如果瞭解了初始事件和規範其演進的法則，那麼可以對其進行預測。預測不過是一種提前的解釋。

由於其徹底的規律性，大自然本身沒有天才。相反地，有時人們認爲，人類天才最偉大的發現，是自然秩序的結構與思維結構的完美兼容，從而使完全理解自然成爲可能。「可以說『世界永恆的奧秘就在於它的可理解性』。」【愛因斯坦（Albert Einstein），公元一八七九至一九五五年，美國物理學家。】

這就等於說，大自然確實有自己的聲音，而這個聲音與我們的聲音並無二致。因此，我們就可以代言不可言說的事物了。

比起許多逐漸消逝和失落的古代文明，這一成就經常被視爲現代文明更爲優秀的標誌。我們的偉大技藝在於從表面的偶然和機遇中找到重複的模式，而不太成功的文明則通過祈求超自然力量的保護來應對自然災害的威脅。但事實證明，諸神的聲音是無知且虛假的；它們在眞相面前噤聲了。

71

我們令諸神沉默是一種諷刺。我們自詡爲不可言說之事物的代言者，將自己的聲音視爲自然的聲音，逼使自己跳脫自然的範疇。物理和化學談論大自然是一回事，而物理學和化學成爲大自然的表達則完全是另一回事。沒有化學家願意說化學本身就是化學，因爲我們的言說不可能既是化學的又是關於化學的。如果對一個過程的言說本身就是這個過程的一部分，那麼就有一些東西必須永遠對言說者隱藏起來。爲了明晰易懂，我們必須聲稱自己可以「客觀地」、「冷靜地」從過程中抽身而出，對其進行評論，沒有任何事物阻礙我們對這些問題的看法。諷刺就在於此：藉由這種完全合理的主張，諸神又悄悄回到了我們與自然的鬥爭中。我們剝奪了諸神的聲音，諸神因而奪走了我們的聲音。我們才是超自然的智慧和力量，是自然力量的主宰。

只有當我們繼續遮蔽自己，不願直面我們可以清楚看到的事實時，上述這種諷刺才會被忽視：大自然不允許任何主宰。培根的原則有雙重含義。如果我們必須服從命令，那麼我們的指揮只是在服從而不是眞正的指揮。世上不存在非自然的行爲。我們沒法對抗大自然或違背大自然，遑論超越大自然。因此，我們原以爲靠著對自然的清晰觀察可以避免的無知，如今反將我們捲回自然本身。我們以爲在自然中讀到的東西，實際上是我們把自己的觀念寫入了自然。「我們必須謹記，我們所觀察到的並不是自然本身，而是自然暴露在我們提問方法之下呈現的樣子。」【海森堡（Werner Heisenberg），公元一九〇一至一九七六年，德國物理學家。】

72

我們現在談論的，不是普通的無知，不是我們本可知但未知的，而是本質上的不可理解：沒有任何心智能夠參透理解的東西。

揭開神秘的面紗，意識到我們所有觀察受到了無法逾越的限制，我們又回歸到大自然完美的寂靜。現在我們可以看到，這是一種如此徹底的寂靜，無法知曉它對何、爲何保持的沉默——如果有的話。我們從這份寂靜中學到的是，大自然與我們能夠思考或陳述的任何事物之間的不同之處。但這份寂靜也具有一種諷刺：它非但沒有讓我們感到昏沉，反倒爲心智的獨創性提供了不可或缺的條件。藉由直面根本上的不同，大自然成爲隱喻之源泉。

隱喻是將相似與不相似的事物結合一起，以致於彼此永遠無法成爲對方。隱喻講求一種不可化約的特質，詞彙之間對彼此有著無動於衷的冷漠。只有當白晝沒有王儲，且確實與王儲無關時，獵鷹才能成爲「白晝王國的儲君」（kingdom of daylight's dauphin）。【英國詩人霍普金斯（Gerard Manley Hopkins，公元一八四四至一八八九年）在詩作《風鷹》（*The Windhover*）中使用的比喻。】

根本上，所有的語言都具有隱喻的特質，因爲無論它打算描述什麼，它仍然是語言，與它所指涉的事物絕對不同。這意味著我們永遠無法擁有獵鷹，只能擁有「獵鷹」這個詞。說我們擁有獵鷹，而不是「獵鷹」，是再次假設我們確切知道自己擁有的是什麼，我們能夠看見它的整體，我們可以像大自然一樣說話。

大自然不可言說的本質，正是語言的可能性所在。

我們試圖掌控大自然，成爲與之對抗的大師玩家，實際上是試圖擺脫語言束縛的行爲。這是拒絕接受大自然爲「大自然」。使我們對隱喻充耳不聞，將大自然變得如此熟悉，以至於它本質上成爲我們意願和言語的延伸。獵人所殺的並不是鹿，而是鹿的隱喻——「鹿」。殺死鹿並不是對抗大自然，而是對抗語言。殺戮是強加一種始終保持的沉默。殺戮將不可預測的生命活力減化爲可預測的無生命物質，將遙遠的事物轉變爲熟悉的事物。這是讓人不再需要關注它的異質。

在物體限制範圍內研究的物理學家教授物理學；而那些看見自己對物體設下限制的人能教授「物理學」。對於後者來說，物理學是一種創作（poiesis）。

73

如果大自然是不可言說的領域，那麼歷史就是可言說的領域。事實上，沒有任何言說可以不涉歷史。研究歷史學的人，就像研究大自然的人一樣，常常相信他們可以找到客觀、直接的事件觀點。他們研究他人的生活，注意到他們生活在所處的時代中所受到的多重限制。但沒有人能夠獨立於時代之外觀察時代，即使是自己所處的時代也不例外。對於這樣的觀察者來說，在歷史之外無處可躲，就像在大自然之外別無制高點。

由於歷史是天才的傳奇，它無情的驚喜誘使我們爲其設計邊界，尋找其中的重複模式。歷史學家有時會談論趨勢、周期、潮流、力量，彷彿在描述自然事件一樣。他們在過程中使自己脫離歷史，從超越時間的角度看待，相信每個觀察到的歷史總是別人的，從未屬於自己，每個觀察都是關於歷史的，但不是歷史本身。

因此，眞正的歷史學家翻轉了大自然觀察者的假設，即觀察本身不能是大自然的行爲。把自己理解爲歷史的歷史學家，完全放棄了解釋。適合這種自我覺察歷史的論述模式是敍事（narrative）。

與解釋類似，敍事關注事件的順序，並將其故事帶至結局。然而，並沒有普遍適用的法則使這個結局成爲必然。在眞實的故事中，沒有哪個行爲是必然的。解釋將所有表面上的可能置於必然的背景中；而故事將所有必然置於可能的背景中。

解釋可以容忍一定程度的偶然，但它無法完全理解何謂自由。當我們說人們做任何事情都是因爲他們選擇這樣做時，我們並沒有解釋任何事情。另一方面，因果關係無法在敍事中找到位置。如果我們說人們做任何事都是受到基因、社會環境或神的影響，那我們就不是在講故事。

解釋解決問題，表明事情必須以某種方式結束。而敍事提出問題，闡明事情不必然以某種方式結束，而是以實際發生的方式結束。解釋擱置進一步探究的需求；敍事邀請我們反思我們以爲已知之事。

如果大自然的沉默是語言的可能性，那麼語言就是歷史的可能性。

成功的解釋不會讓人注意到它們是一種言說模式，因爲被解釋的事物本身並不受歷史的影響。如果我向您解釋爲什麼冷水沉到池塘底部，冰浮到表面，我當然不打算讓我的解釋在現在成立而日後失效。這個解釋在任何地方和任何時候都是正確的。

然而，我選擇在此時此地向您解釋這個問題是有歷史性的；它是一種事件——我們之間關係的敘事。因此，說出這個眞理必有因。解釋並不是無償提供的，不僅僅因爲冰碰巧漂浮。除非我首先引起您注意到自己知識中明顯不足之處，比如物體之間關係的不連續性，或者您無法用已知的任何法則來解釋的異常情況，否則我無法向您解釋任何事情。您會對我的解釋充耳不聞，直到您懷疑自己的錯誤。

當然，許多懷疑都是小問題，只需要微幅調整，便不會對這些觀點產生任何懷疑。然而，重大挑戰太嚴肅了，無法以爭論或深化解釋應對。它們要麼要求徹底和全面地拒絕，要麼要求改變信仰（conversion）。一個人不會僅因觀點微調就從摩尼教（Manichaeism）轉向基督教，或者從拉馬克主義（Lamarckianism）轉向達爾文主義。眞正的改變信仰在於選擇一個新的觀衆，也就是一個新的世界。曾經熟悉的一切現在以驚人的新方式被看待。

儘管改變信仰是劇場化的，但它們仍然未能意識到從一個世界到另一個世界的過程中，選擇所扮演的角色。尤其是激進地改變信仰，常常掩蓋了它們自身的任意性。奧古斯丁，古典時期最著名的改宗者之一，對於自己曾如此堅定地信仰如此多的謬誤感到困惑；他並不驚訝於有如此多不同的眞理存在。他的轉變不是從解釋到敍事的轉變，而是從一種解釋到另一種解釋的轉變。當他從異教轉向基督教時，他抵達了一個超越進一步質疑的眞理領域。

只有讓抗拒的聽衆相信自己的錯誤，「解釋」才能成功。如果你們在懷疑自己的眞理之前不願意聽我的解釋，那麼你們在確信自己的錯誤之前也不會接受我的解釋。「解釋」是一種對立的交鋒，以擊敗對手來獲得成功。它具有與其他有限遊戲相同的怨恨動力。我會把我的解釋強加給你們，因爲我需要證明，我沒有活在我認爲別人認爲我所犯的錯誤中。

在這場鬥爭中獲勝的人，得到聲稱擁有眞知的特權。知識已被獲取，它是這種鬥爭的結果。勝利者擁有無可爭議的權力，可以對事實做出某些陳述。人們應該傾聽他們的聲音。在那些已經結束競爭的領域中，勝利者擁有的知識不再受到質疑。

因此，知識就像財產。它必須被發布、聲明或以其他方式展示，讓別人不得不正視。它必須阻攔別人的去路。它必須是象徵性的，指向其擁有者的競爭技能。

知識和財產如此密切相關，以至於它們常常被認爲是連通的。有權獲得知識的人認爲他們也應獲得財產，而有權獲得財產的人則認爲某種知識與財產相伴。學者們要求爲他們的出版成果獲得更高的薪水；企業家們則在大學董事會中占有一席之地。

75

如果「解釋」要成功，必須對自然的沉默視而不見，也必須在成功時對聽衆強加沉默。強加的沉默是大師玩家勝利的第一個結果。

贏得頭銜，就贏得發表權威演講的特權。權威演講的特權，是任何頭銜的最高榮譽。我們期待贏家的第一幕是演講。當然輸家的第一個舉動也可能是演講，但那將是承認失敗的演講，是宣佈不再向勝利者挑戰的演講。這是一場承諾讓失敗者閉嘴的演講。

輸家承諾的沉默是順從的沉默。輸家無話可說，也沒有聽衆會傾聽。被征服者與勝利者實際上融而爲一，心靈合一，完全無法再對抗，所以也就沒有任何其他可能性。

勝利者不與被征服者交談；他們代表被征服者講話。在有限遊戲的家庭中，丈夫代表妻子發言，父母代表子女發言。君王代表帝國講話，州長代表州講話，教皇代表教會講話。事實上，有頭銜的人作爲有頭銜的人，不再能與任何人交談。

贏家的權力主要體現於權威演講。擁有權力，意味自己的言辭受他人服從。透過權威性的言語，贏家的象徵性財產得以確保。擁有這些財產的人有特權呼叫警察、調動軍隊，強制他人承認他們的象徵。

人們主要通過神的話語來瞭解神的權力。拉丁語「如主所說」（sicut dixit dominus）總是一個儀式性沉默的信號。神的言語可以完美地表達神的權力，以至於神和它的言語完全一致：「太初有道，道與神同在，道就是神。[14]」

人在神面前無言以對，在贏家面前沉默不語，因爲對別人來說，自己要說什麼已經不再重要。輸掉比賽就是變得順從；變得順從就是失去聽眾。順從的沉默是一種無人傾聽的沉默。它是死亡的沉默。因此，對順從的要求本質上是邪惡的。

大自然的沉默是語言的可能性。通過征服自然，諸神賦予它們自己的聲音，但將大自然視爲對手的同時，也讓所有聽眾成爲對手。藉由拒絕自然的沉默，他們要求順從的沉默。因此，自然的不可言說轉化爲語言本身的不可言說。

76

無限的言語（infinite speech）是一種論述模式，不斷提醒我們大自然的不可言說。它不宣稱握有眞理，全然源自於說話者的天才。因此，無限的言辭並不關乎任何事物；它總是面向某個人。它不是命令（command），而僅是致意（address）。它完全屬於可言說者。

語言不屬於任何事物，這賦予了它隱喻的地位。隱喻並不指向某個存在的事物。例如，我們永遠不會在某個地方找到「白晝王國的儲君」。隱喻的作用不是把我們的目光引向已經存在的事物，而是把我們的目光導向事實上不存在且確實無處可尋的事物。隱喻是充滿視野的，它提醒我們，受到限制的是人的眼界，而不是人所看到的東西。

有限遊戲的言說者，其論述的意義在他講述之前已經存在的內容，即已存在的事

14編註：典出《約翰福音》第一章第一節。

實，因此無論是否言說，都不影響其存在。

無限遊戲的言說者，其論述的意義在於他講述所引發的結果，即因爲言說而成爲的存在。

有限的語言在說出來之前就已經存在。首先是一種語言——然後我們學會說。無限的語言存在於說出來的過程中。首先是一種語言——當我們學會說時，它才得以存在。在這個意義上，無限的論述總是誕生於完美的沉默。

有限遊戲的言說者在說話時，他們的聲音已經經過訓練和排練。他們必須知道自己在用什麼語言說話，然後才能說出來。相反地，無限遊戲的言說者必須先聽取聽衆的反應，然後才能知道自己說了什麼。無限的言語並不期望聽衆聆聽說話者已知的事物，而是希望與聽衆分享新的眼界——如果沒有聽衆回應，就不可能擁有的眼界。

言說者和聆聽者之所以能相互理解，並不是因爲他們對某個事物具有相同的知識，也不是因爲他們建立了相似的心靈，而是因爲他們知道如何與對方進行交流（how to go on）[15]。【維根斯坦（Ludwig Wittgenstein），公元一八八九至一九五一年，奧地利哲學家。】

77

無限的言語具有傾聽的形式，因爲它是致意，永遠關注聽衆的反應。無限的言辭並不以聆聽者順從式的沉默而結束，而是因言者關注式的沉默而持續。這不是一種言辭結束的沉默，而是一種言辭誕生的沉默。

無限遊戲的言說者不賦予他人聲音，而是從他人那裡接受聲音。因此，無限遊戲的言說者並不以觀衆的身份向世界呼籲，也不在世界面前說話，而是藉由與他人交談展示自己作爲觀衆的身份。有限的言語爲了被聽見，向他人傳達有關世界的訊息。無限的言語爲了傾聽，構建關於他人的世界。

正因如此，諸神若以主宰世界的姿態，盛氣凌人地在這個世界面前發言，便無法改變世界。這樣的神不能創造一個世界，只能成爲一個世界的創造物，只能成爲偶像。一

15 編註：這裡關於人們在語言遊戲中如何交流與理解，概念來自於維根斯坦的《哲學研究》（*Philosophische Untersuchungen*）一書，但並非全文引用，而是出自作者對於維根斯坦哲學的理解。但原文的"know how to go on"（英譯），是《哲學研究》中的反覆提及的概念之一。

個神不能創造一個世界並在其中威嚴地存在。「那些將神性描繪為能主宰任何地方的宗教，似乎都是虛假的。即使它們是一神教，也是偶像崇拜。[16]」【韋伊（Simone Weil），公元一九〇九至一九四三年，法國社會活動家。】

神只能藉由傾聽來創造一個世界。

如果神向我們致意，那不是為了透過他們的言辭使我們沉默，而是透過他們的沉默使我們能夠發言。

有限言辭的矛盾在於，它必須被聆聽而結束。無限言辭的弔詭在於，它之所以繼續存在是因為它是一種傾聽的方式。有限言辭止於封閉的沉默。無限言辭始於沉默的揭示。

78

故事講述者不會改變聽眾的信仰；不會將他們帶入一個更高眞理的領域。他們只提供眼界，完全忽視眞實和虛假的問題。因此，講故事並不是一種對抗性的行為；它沒有成功或失敗之分。我們無法遵從一個故事。講故事的人不是將一種知識對立於另一種知識，而是邀請我們從知識回到思考，從受限的「看」回到有視野的「看見」。

無限遊戲的言說者是柏拉圖所說的創作者（poietai），他們在歷史中占據一席之地。說書人進入歷史，並不是因爲他們的故事充滿了關於眞實人物的軼事，也不是當他們出現在自己故事中扮演的角色之時，而是當我們開始在他們的故事中，看到我們生活的敍事特徵時，他們所講的故事觸動了我們。我們原以爲是偶然經歷的一系列事件，突然呈現出未解敍事的傳奇性形式。

故事中沒有結構或情節是無法構建敍事的。在一部偉大的故事中，這種結構看起來像是命運，像是無法逃避的審判降臨在仍然不知情的英雄們頭上，是一種偉大的形上學因果關係，排除了選擇的空間。命運不是對我們自由的限制，而是我們自由的體現，證明了選擇是有後果的。你行使自己的自由不能阻止我行使自己的自由，但它可以決定我自由行動的脈絡。你不能替我做選擇，但你可以在很大程度上決定我選擇的內容。偉大

16 編註：此處作者引用原文為："The religions which represent divinity as commanding whenever it has the power to do so seem false. Even though they are monotheistic they are idolatrous" (Weil)"，然經比對韋伊作品的英文譯本，上述引文中的 whenever 應為 wherever 之誤，故於中文版修正。

的故事探索了一個自由的人如何被另一個自由的人深刻觸動的傳奇。因此，它們是眞正的性事的傳奇（sexual dramas），令我們再次驚歎於生命起源的魔力。

伊底帕斯（Oedipus）神話是西方文化寶庫中衆多偉大的性敍事之一，它展現了命運與生命起源之間的傳奇性關係。伊底帕斯衝動地殺死了萊瑤斯（Laius），卻不知道他是自己的親生父親，他被野心和慾望推動，與死者的妻子結婚，卻對她的眞實身份一無所知。我們可以將此解讀爲命運，也可以將其解讀爲一個意志的行爲導致了另一個行動。伊底帕斯擺出了大師玩家般的姿態，執行決定性的舉動，但這些舉動並非決定性的。伊底帕斯無法結束任何事情。他自毀雙目的行爲，即便展現了結束的意圖，反讓他獲得了更高的眼界。伊底帕斯所看到的不是衆神對他所做的事，而是他自己所做的事。他意識到受限的是他的眼界，而不是他所觀察的對象。他的失明是一種解蔽，像所有的解蔽一樣，它也是自我解蔽。伊底帕斯最終面對的別無他物，只有他自己的天才。伊底帕斯終能觸動。他故事的結局亦是開始。

這個故事之所以成爲歷史，不僅僅是因爲伊底帕斯看見了，而是因爲我們看見他看見的了。我們成爲傾聽者與觀察者，意識到我們正在傾聽，並因此參與了一個擴展的起源傳奇。這裡沒有什麼被解釋清楚的東西。反之，我們看到的是一切仍然有待闡述。

79

這裡存在一種風險，即假設我們知道我們的生活具有敘事的特徵，我們就知道這個敘事是什麼。如果我瞭解我生活的完整故事，那麼我就已經將它轉化爲解釋。就好像我可以作爲自己的觀衆，同時看到開場和結尾，好像我可以完整地看到我的生活。但這樣做只是在表演，而不是眞正地活。

社會理論家往往會陷入這樣的信念，認爲他們瞭解一個文明的故事。他們可以編寫最終勝利或失敗的場景。正是藉由這種歷史終結的思維，人們遵守的已知法則（Discovered law）變成了他們必須遵守的劇本化法則（Scripted Law）。

眞正的說書人並不瞭解自己的故事。他們在創作過程中傾聽的是揭示，即哪裡有終結，哪裡就有開啟新局的可能性；他們不會在結束時死去，而是在遊戲的過程中消亡。他們也完全瞭解他人的故事。歷史學家的首要工作是重啟所有文化的終點，揭示我們通常認爲已經結束的地方存在著延續性，提醒我們沒有人的生活或文化可以像瞭解一個作品（poiema）那樣完全瞭解，只能像學習一種創作（poiesis）那樣去學習。

當歷史學家看見，任何始於自由之事物都不可能止於必然時，他們就成爲無限遊戲的言說者。[16]

16譯註：歷史學家們明白，歷史並不是一條線性的必然性之路，而是由人類的選擇和自由意志所塑造的。他們認識到歷史中的事件和趨勢並非不可避免，而是人類行為和決策的結果。因此，歷史學家在研究和敘述歷史時，扮演著無限的講述者角色，展示著人類自由所帶來的多樣性和變化性。他們理解到歷史的開端和結局都是由人的自由選擇決定的，並且歷史中的自由意志將繼續塑造未來的走向。

第六章

Chapter 6

我們控制大自然是出於社會原因

80

我們控制大自然是出於社會原因。隨著我們預測自然過程結果的能力不斷提高，我們對大自然的控制也不斷發展。既然預測只是反向解釋，那麼預測就有可能像解釋一樣具有對抗性。實際上，預測是大師玩家最嫻熟的技能，因爲若沒有預測，就很難控制對手。由此可見，我們主宰大自然的目的不在實現特定的自然結果，而是特定的社會結果。

一小群物理學家使用最高深的抽象計算，揭示了可預測的次原子反應序列，直接導致了熱核彈的製造。的確，炸彈的成功引爆證明了物理學家的預測是正確的，但引爆炸彈並不是爲了證明他們的正確性；我們引爆它是爲了控制數百萬人的行爲，達成我們與他們之間的某種權力關係。

這個例子所展示的並不是我們可以支配大自然，而是我們企圖支配大自然的行徑，實際上掩蓋了我們支配彼此的渴望。這引出了一個問題，如果我們放棄用權力策略對待大自然，會產生何種文化後果？

對待大自然的其他態度可以粗略地概括爲：將自然視爲敵對的他者，其設計基本上與我們的利益牴觸，這導致了「機器」（machine）的產生；而另一種態度是學會約束自己符合自然秩序中最深刻可辨認的模式，這將帶來「花園」（garden）的結果。

此處所指的「機器」，包括所有技術在內，而不僅是科技的一個例子，用來提醒人們注意技術蘊含的機械理性。我們可能會對才華橫溢的發明家和工程師憑想像力創造出的技術設備感到驚訝，但技術本身並不令人驚訝。物理學家的核彈和尼安德塔人（Neanderthal）的槓桿一樣純粹是機械的，都是可計算的因果關係序列的產物。

同樣地，「花園」也並不是指房子邊緣或城市角落的封閉地界。這不是人們生活在側的花園，而是人們生活其中的花園。它是一個生長的地方，一個最大限度地發揮自發性的地方。園藝不是從事一項愛好或娛樂，而是設計一種文化，使其能夠盡可能適應大自然中無窮無盡的驚喜。園藝工作者敏銳地關注自然秩序的深層模式，但也意識到他們的眼界總是受限的。園藝是一種充滿視野的活動。

「機器」和「花園」並不是絕對對立的。機器可以存在於花園中，就像有限遊戲可以在無限遊戲中進行一樣。問題不是將機器從花園中排除，而是詢問機器是否爲花園的利益服務，或者花園爲機器的利益服務。我們熟悉一種機械化的園藝，看起來生產力很高，但仔細觀察，我們可以看到其意圖並不是鼓勵自然的自發性，而是對其駕馭利用。

81

機器和花園之間最基本的區別，在於一個必須由外部引入的動力驅動，而另一個則憑藉內在的能量生長。

的確，人們已建造出了非常複雜的機器，例如太空船，在眞空中可以持續數月並以極高的準確性執行複雜的功能。但是，沒有人造出，也無法製造出具有內在自發性泉源的機器。機器必須經過設計、構建，並從外部獲得能源才能運行。

的確，對花園可以採用各種化學和技術策略，我們可以談論「培養」食物，以及我們所培養的食物被稱爲「農產品」。但是，至今還沒有找到，也無法找到一種能夠從外部強制進行有機生長的方法。施用肥料、除草劑和其他所需物質並不改變生長，而是促進生長；它旨在與自然生長保持一致。植物無法被設計或構造。雖然我們似乎藉由肥沃的土地和適當的養分來給予植物「燃料」，但我們依賴植物憑藉自身的生命力來吸納這些養分。而機器則依賴設計者和操作者提供燃料和消耗燃料。機器沒有絲毫自發性或生命力的痕跡。生命力無法被給予，只能被發現。

82

大自然至大無外，至小無內（Just as nature has no outside, it has no inside.）。它無法自我分割，因此無法爲己所用，也不能反對自身。自然界中，生物與非生物之間不存在固有的對立；沒有誰更自然，或誰更不自然。例如，使用農業毒藥無疑會殺死特定的生物，會抑制生命體的自發性，但這並不是一種非自然行爲。自然並沒有改變。改變的只是我們約束自己以與自然秩序保持一致的方式。

我們相對於大自然的自由，並不是改變大自然的自由，也不是擁有支配自然現象的權力。它是一種改變我們自己的自由。我們完全可以自由地設計一種文化，這種文化將建立在這樣一種意識之上：生命力不能被給予，只能被發現。自然中自發性的模式不僅應受到尊重，而且亦值得頌讚。

雖然「自然秩序」是種常見的說法，但它有某種遮蔽性。更準確地說，我們與之爭論的不是自然的秩序，而是它不可化約的自發性。大自然至大無外，至小無內。它對自身沒有任何抵觸，不受非自然的影響。這不僅僅是一種秩序的表達，更體現了自然對所有文化事物的完全徹底漠然。

大自然運動的源泉總是來自於自身；事實上，它就是自身。它與我們自身運動的源頭截然不同。這並不是說，沒有秩序的自然是混亂的。它既不混沌，也不有序。混沌和有序描述的是人們從文化角度對自然的體驗——大自然漠然的自發性似乎與我們當前文化自我約束的方式相吻合。對那些文化期望因颶風、瘟疫或人口過剩而受損的人們來說，這些現象看起來是混亂的，而對那些預期得到證實的人們來說，這些現象則是有序的。

83

我們與大自然關係中的弔詭在於，一個文化愈是深切尊重自然的漠不關心，它就會愈有創造力地以自身的自發性來應對。我們愈是清楚地提醒自己對自然無法施加非自然的影響，我們的文化就會愈體現出擁抱驚喜和不可預知的自由。

人類的自由不是支配自然的自由，而是成爲自然的自由，也就是用我們自身的自發性回應自然的自發性。儘管我們有成爲自然的自由，但我們並非天生自由；我們之所以自由是源於文化、及歷史。

我們與大自然關係中的矛盾（contradiction）在於，我們愈是努力地迫使其符合我們的設計，我們就愈容易臣服於它的漠然，愈易受到其無形力量的影響。我們對自然過程的控制愈大，我們在面對它時就愈無力。我們可以在幾個月的時間裡，伐盡生長了成千上萬年的雨林，但我們卻無力抵禦取而代之的沙漠。當然，沙漠和森林一樣是自然的。

84

在機械方面，這種矛盾最爲明顯。我們利用機器來增加力量以控制自然現象。僅透過指尖操作控制，一隊工人就能夠在山區和茂密森林中開鑿出六線道的公路，或者塡平溼地建造購物中心。

雖然機器在這些任務中極大地幫助了操作者，但它也約束了操作者。就像機器可以被視爲工人的延伸手臂和腿一樣，工人也可以被視爲機器的延伸。所有的機器，特別是非常複雜的機器，都要求操作者置身特定的位置，機械式地執行與機器功能相應的操作。使用機器來進行控制，就是被機器所控制。

操作機器的時候，我們必須像機器一樣運作。我們使用機器來做我們無法做的事，卻發現我們必須做機器所做的事。

當我們操作機器時，機器當然不會使我們變成機器；我們爲了操作機器而使自己成爲機器的一部分。機器並不會奪走我們的自發性；是我們自己放棄了自發性，否定了獨創性。在操作機器時，沒有風格可言。機器愈有效率，就愈限制我們的獨特性，或者愈將我們的獨特性融入其操作中。

事實上，我們認爲操作的風格根本不屬於操作者，而是機器本身固有的。廣告商和製造商宣傳他們的產品，好像是他們把風格設計其中一樣。大多數消費品都被「風格化」

了，因爲它們實際上標準化了消費者的活動或口味。在這種完美的矛盾中，我們被敦促購買一個「風格化」的物品，因爲其他人也在購買——也就是說，我們被要求以放棄我們的天才來表達我們的天才。

我們相信利用機械可以擴大自由，而結果卻是減少了自由，所以其實我們是用機器反過來對付我們自己。

85

機械在另一方面也是矛盾的。就像我們用機器來對付自己一樣，我們也用機器來對付機器。機器不是做事情的方法，而成了做事情的阻礙。

當我們使用機器來實現我們想要的任何東西時，直到我們使用完機器、擺脫達到預期結果的機械手段之前，我們才能得到我們的所求之物。因此，技術的目標就是消除自身，變得沉默、無形、無憂。

例如，我們購買汽車，並不僅僅是爲了擁有一些機器。實際上，我們購買的並不是機械，而是藉由它我們可以得到的：快速將我們從一個地點帶到另一個地點的工具、讓他人羨慕的物品、免受天氣影響。同樣地，收音機必須停止作爲設備，而成爲聲音。一個完美的收音機不會引起任何注意，它會讓我們感覺好像我們正置身於聲音的源頭。我們也不會觀看電影銀幕或看電視。我們看的是電視上的內容，或是電影中的情節，當設備出現干擾時，如電影畫面不清晰或電視機出現故障——我們就會感到惱火。

當機械完美運行時，它變得無形無影——但我們亦然。收音機和電影使我們能夠置身我們所不在之處，而不在我們所在之處。此外，機械是一種面紗。它是一種將我們的無所作爲隱藏在看似高效的行動下的方式。我們說服自己，舒適地坐在汽車的駕駛座後面，免受所有不愉快的天氣影響，只需稍微提高或降低腳一兩英寸，我們就眞的到達了某個地方。

這種旅行不是在陌生的空間中穿梭，而是在屬於我們的空間中進行。我們沒有離開出發點，而是與出發點一同移動。我們乘坐汽車從從起居室出發，汽車的座椅與我們起居室中的座椅幾無二致，接著到達機場候機室，再坐著登上飛機，機艙內提供座椅亦與家中如出一轍，這意味著我們把起點帶在身邊；彷彿離家，卻從未眞正離家。在任何地方都感到賓至如歸，就是讓空間變得無關緊要。

因此，減少旅行時間的重要性就在於：儘快到達目的地，我們就不會感覺自己離開了，空間和時間都無法影響我們——彷彿它們屬於我們，而我們不屬於它們。我們不是乘坐汽車去某個地方，而是乘坐汽車到達某個地方。汽車並不是使旅行成爲可能，而是使我們能夠在不旅行的情況下改變位置。

因此，機械的戲劇性體現在這裡：這種移動只是場景的變換。如果機械運轉良好，機械將確保我們不受自然元素、其他旅行者或我們所經過的城鎮或生活的影響。我們可以看到而不被看到，可以移動而不被觸碰。

理想狀態下，通訊科技使我們能夠將他人的歷史和經驗帶入家中，但不改變我們的家；旅遊應用科技使我們能夠穿越他人的歷史，享受像家一樣的舒適，但不改寫那些歷史。

當機械發揮最大效力時，它將全然無效。

86

機械在另一方面也存在矛盾。在使用機械時，我們不僅用機械來對付自己，用機械來對付機械，還用機械來對付彼此。

我無法單獨使用機械，使用機械時必然會與他人一同使用。我不是在電話上說話；我是和某人在電話上交談。我透過收音機聽某人的講話，開車去拜訪朋友，用電腦計算業務往來。從一定程度上說，我與你的聯繫有賴於這些機械，這些連結的媒介使我們都成爲它的延伸。如果你的業務活動無法轉化爲我電腦可以識別的數據，我就無法與你做成生意。如果你不住在我能夠開車去拜訪的地方，我會找另一個朋友。在這些情況下，你我之間的關係並不取決於我的需求，而取決於我的機械的需求。

如果操作機器（operate a machine）就像機器般運作（operate like a machine），那麼我們不僅像機器一樣彼此協作（operate with each other），還像操縱機器一樣互相操縱（operate each other）。而且，如果機器無爲而治時最有效，那麼我們以實現所欲結果的方式操作彼此，結果也就是什麼都沒有發生。

機器媒介關係中的固有敵意，在使用戰爭工具這個最爲劇場化的機器時，體現得最爲明顯。所有的武器都被設計成能夠傷害他人而不傷及我們自身，使他人臣服於我們掌控的技術。武器是有限遊戲的裝備，它們的設計並不是爲了最大化遊戲，而是爲了結束遊戲。武器的目的不是贏得比賽，而是結束比賽。殺手不是勝利者；他們是無對手的競爭者，沒有遊戲可參與的玩家，是活生生的自我矛盾。

這一點在當世的空中電子武器中尤爲明顯，操作者只需與技術打交道——按鈕、光點、燈光、刻度盤、操縱桿、電腦數據，而無須面對看不見的對手。事實上，現代殺戮機器是如此缺乏傳奇性，意圖在敵人還不可見的時候發動攻擊。這種信念走向極端，主張我們的敵人之所以看不見，不是因爲他們是敵人；而是因爲他們不可見，所以才被視爲敵人。

在死亡的工具性中有一種邏輯，它導致我們殺害看不見的人，因爲他們看不見。攻擊者舉起最粗糙的矛或劍，是因爲不能容忍另一個人的獨立存在——因爲無法將他人視爲他人。就像我堅持我們友誼的條件是你順從地使用電話一樣，我也希望我手中的武器能夠發揮作用，而不會遇另一個能夠抵抗它的人。殺手們無法忍受別人說：他們活在開放的世界裡，他們的歷史尚未完結，他們的自由永遠是與他人共享的自由，而非淩駕於他人之上的自由，受限制的不是他們的眼界，而是他們正在觀看的東西。

雖然遠距離殺戮的技術已經非常先進，但這並不能使訓練有素的操作者在文化上超越揮舞棍棒的原始人，反而使原始人那粗淺的盲目變得更加徹底。這是怨恨對眼界的終極勝利。我們這些看不見的人正在殺死那些不被看見的人。

並非使用機械的每個人都是殺手。但當使用機械的目的是爲了以自身對自然的冷漠來回應自然的冷漠時，我們就開始養成那種對人的冷漠，而正是這種態度，導致了本世紀最文明國家犯下了滔天大罪。

87

如果對大自然的冷漠導致了機器的出現，那麼自然的本身冷漠也會催生出花園。所有的文化都具有園藝的形式：藉著自身的自發性來鼓勵他人的自發性，尊重源頭，並拒絕將本源轉化爲資源。

園藝工作者不屠殺動物，他們不殺生。水果、種子、蔬菜、堅果、穀物、草本植物、根莖、花朵、草藥、漿果等，在它們成熟時採摘，而這個採摘是爲了提升和維持花園的活力。收穫尊重源頭，讓它保持未被開發利用的狀態，使其保持原始風貌。

動物無法被收穫。它們會成長，但它們並不會像水果那樣「成熟」。它們被屠宰的時間不是在其生命周期完成時，而是在它們生命力達到巔峰之際。有限遊戲的園藝工作者將農業轉化爲商業，他們像使用機器一般，「飼養」或者「生產」動物，或者生產肉製品。畜牧業是一門科學，一種控制生長的方法。它假設動物屬於我們。它們身上的資源被視爲我們的資源。牛被禁錮在圍欄中，防止它們運動，以免肉質變得「堅韌」。鵝的腳被釘在地板上，像機器一樣被強行餵養直到它們的肝臟肥大，適合宰殺。

機械設備旨在不改變操作者的情況下進行改變，園藝工作則改變了工作者自身。人們可以學會開車，學會如同汽車般駕駛；但人們是成爲園藝工作者。

園藝不以結果爲導向。豐收並非花園存在的終點，而只是其中的一個階段。正如任何園藝工作者都知道的，花園的活力並不會隨著收穫而終止，它只是以另一種形式存在。花園在冬天並不會「死亡」，而是靜靜地爲另一個季節做準備。

園藝工作者頌讚多樣性、差異性和自發性。他們理解多樣的風格有助於生命力的提升。例如，土壤中有機物的複雜程度愈高，也就是說，其變化的來源愈多，其生命力就愈旺盛。生長促進生長。

文化也是如此。無限遊戲的玩家明白文化生命力與其來源的多樣性、內部的差異有關。人們的獨特性和出人意料之處，不會因他人的強大而被壓制。你內在的天才激發了我內在的天才。

人們有效地操作機器，結果完成後便鳥盡弓藏。人們創造性地從事園藝，使花園生命力的所有源泉在其收穫中呈現，產生周而復始的延續，而我們在其中扮演著積極的角色。

88

因爲花園並不以收穫告終，也不以特定的結果爲目標，所以人們永遠無法在花園中抵達某處。

花園是一個生長的地方。它有自己的變化源泉。人們並不是給花園帶來變化，而是懷著隨時接受改變的心態來到花園，並因此準備好自我蛻變。唯有成長才能應對成長。眞正的父母不會要求他們的孩子以特定的方式成長，按照偏好的模式或排定的階段，而是關心如何與孩子一起成長。眞正傳奇化的教養方式必須不斷從內部調整，因爲孩子的內在亦不斷變化。對待教學、合作、彼此相愛也是如此。

在花園中，我們才眞正發現了旅行的本質。我們不是去花園旅行，而是旅途中經過花園。

眞正的旅行沒有目的地。旅行者不是前往某處，而是不斷發現自己身處他方。園藝不是用來征服大自然的冷漠，而是爲了提升自己的自發性，以應對大自然變幻莫測的無常。因此，我們不會把大自然看作一系列不斷變化的場景，而是把自己看作途經於此的人。

大自然恆常不變；它沒有內外之分。因此，我們不可能穿越大自然旅行。所有的旅行都是旅行者內在的變化，這也是爲什麼旅行者總是身處他方的原因。旅行卽成長。

眞正的旅行者旅行不是爲了克服距離，而是爲了發現距離。不是距離讓旅行成爲必要，而是旅行讓距離成爲可能。距離不是由物體之間可測量的長度衡量的，而是由它們之間實際的差異決定的。芝加哥和亞特蘭大機場周圍的汽車旅館與東京和法蘭克福機場周圍的汽車旅館幾乎沒有什麼不同，以至於所有本質上的距離都在相似中消融。眞正迥異的是獨特的；是與衆不同的。「唯一眞正的旅行，不是用同一雙眼睛穿越一百個不同的地方，而是以一百雙不同的眼睛看同一片土地。」【普魯斯特（Marcel Proust），公元一八七一至一九二二年，法國小說家。】

園藝工作者始終關注大自然的自發性，他們獲得了洞察差異的能力，總是不斷尋找植物生長的微小變化，土壤組成的變化，昆蟲和蚯蚓的種群出現變化。作爲父母，園藝工作者們會注意到孩子最細微的改變。作爲教師，他們會看到學生的技能甚至是智慧有所增長的跡象。無論是花園、家庭還是教室，任何人類聚集的地方都有著無盡的變化可供觀察，每一個變化都指向更多變化。但對眞正的園藝工作者來說，觀察到的這些變化並不是提供劇場化的娛樂，它們傳奇性地開啟了一個嶄新未來。

對於那些四處尋找差異的人來說，也是如此。他們將地球視爲源泉，讚美他人的天才，他們不是爲了防備意外，而是爲了迎接意料之外。「我在康科德（Concord）神遊千里。」【梭羅（Henry David Thoreau），公元一八一七至一八六二年，美國作家。】

89

由於機械需要外部動力，它的使用總是需要尋找可消耗的能源。當我們將自然看作資源時，它就成了一種獲取動力的資源。隨著我們愈發專注於機械，自然也愈發被地視爲所需物質的儲存庫。它是一定數量的材料，主要供我們的機器消耗。

大自然是不可分割的，不能被用來對抗自身。因此我們並不能消耗它或耗盡自然。我們只是重新調整了我們的社會模式，降低了我們對現有自發模式做出創造性反應的能力。也就是說，用社會的說法，我們製造了廢棄物。當然，廢棄物並非不自然。文明的垃圾和廢棄物並不會玷污自然，它們就是自然——只不過是一種社會不再能夠加以利用的形式。

社會將其廢棄物視為其活動多餘但必要的結果，即在我們提供了必要的社會產品後所剩餘的。但是，廢棄物不是我們創造物的伴生品，它就是我們製造的。廢棄的鈽（waste plutonium）不是核工業的間接後果，而是該工業的直接產物。

90

廢棄物是揭開面紗的。當我們發現自己置身於自己製造的垃圾中時，我們也發現這是我們選擇製造的。既然我們可以選擇製造它，我們也可以選擇不製造它。由於廢棄物具有揭示性，我們將其清除，將其放在看不見的地方。我們要麼找到無人居住的地區處理廢棄物，要麼將其填滿直到它們變得不適宜居住。一個繁榮的社會將積極開發其自然資源，它也將產生數量龐大的垃圾。很快地，它無人居住的土地將被廢棄物填滿，甚至可能威脅到社會自己的居住區，使之變成廢墟。

因爲廢棄物是揭開面紗的，它不僅被放在看不見的地方，還被宣稱爲一種反財產。沒有人擁有它。廢棄物現象的部分矛盾在於，當我們視自然爲己有，我們很快就必須視自然爲無主之物。廢棄物不僅無人擁有，也無人想要它。與競相擁有特定產品不同，我們競相擺脫它們。我們將廢棄物強加給那些更難擺脫它的人。垃圾在貧民窟堆積如山，污水順流而下，空氣中的酸性物質飄散數百英里，沉降在那些無力阻止其排放到大氣中的人們的土地上。成千上萬平方英里的農田因修建多線道公路而荒廢，或者被水壩淹沒，水壩的水被用來沖洗來自遠方城市的廢棄物。

廢棄物是失敗者的反財產，是無名之輩的象徵。

廢棄物是揭開面紗的，因爲它始終以廢棄物的形式自我呈現，以我們的廢棄物呈現。如果廢棄物是我們漠視大自然的結果，那麼我們也藉此體驗了自然的無動於衷。因此，廢棄物提醒我們，社會是一種文化。在我們將居住地轉變爲廢墟時，我們可以清楚地看到，大自然非我們希望它成爲的那樣；但我們也可以清楚地看到，社會只能是我們希望它成爲的那樣。

正是由於這種矛盾，一個社會產生的廢棄物愈多，這些廢棄物的揭示性就愈強。因此社會愈積極否認它製造了任何廢棄物，它愈必須努力地處理、隱藏或忽視自己的殘渣。

91

由於試圖控制自然本質上，就是試圖控制他人，因此我們可以預料，面對那些表現出漠不關心社會目標和價值觀的文化，社會的耐心將大打折扣。正是這種反覆的類比使我們看到，一個製造自然廢棄物的社會，也會製造人類廢棄物。

廢棄的人（waste persons）是那些出於各種原因不再被社會視爲有用資源，成爲無國籍或非公民的人。廢棄的人必須被安置在視線之外，如族裔聚集區、貧民窟、保留地、營地、退休村、萬人塚、偏遠地區、戰略村落——這些荒涼和不適宜居住的地方。我們生活在這樣一個世紀，其中的大師玩家創造了這樣數以百萬計的「多餘人」。【盧賓斯坦（Richard L. Rubenstein），公元一九二四至二〇二一年，美國猶太神學家。】

一群人不會自己變得多餘，就像自然廢棄物不會自行產生一樣。是社會宣稱某些人成爲廢物。垃圾人（human trash）不是社會的不幸負擔，也不是社會正常運作的間接結果；它是社會的直接產物。大自然並不是在美洲、非洲和亞洲大陸上，偶然強加不受歡迎的人群給來自歐洲的移民們；而是這些移民者以社會中一些最重要和不可逆轉的原則，使這些人群變爲多餘。

嚴格來說，廢棄的人不存在於社會的邊界之外。他們不是社會的敵人。人們不會像對抗另一個社會一樣與之交戰。廢棄的人並不構成一個替代性或威脅性的社會；他們構成了一種揭示性的文化。因此，他們被「清除」。社會要清除他們。

92

當社會的面紗被揭開，當我們看到它是我們想要的樣子，是一種沒有任何必然性的文化，絕不是大自然現象或本能的表現時，大自然就不再被塑造和套入某種社會目標中。揭開面紗，我們看到大自然的唯一面貌是其隱藏的自我起源：大自然的天才。

當我們以天才的眼光看見大自然時，我們將大自然視爲天才。

當我們將自己看作源頭時，我們理解大自然爲源頭。當我們意識到自己無法被解釋，我們自身的起源無法被陳述爲事實時，我們放棄了對大自然解釋的所有嘗試。當我們將自己視爲大自然的「他者」時，我們才能欣賞這種不可化約的他者性。

93

對無限遊戲者來說，將大自然視為天才，意味著將其視為絕對不同尋常的存在。無限遊戲者在大自然面前一無所知。大自然不僅對人類的存在無動於衷，還顯示出其與衆不同。

大自然並不為我們提供家園。儘管我們因大自然的無動於衷而成了園藝工作者，但大自然本身並不會為了滿足我們而付出努力。在猶太教和伊斯蘭教的神話中，上帝給了我們一個花園，但並沒有——實際上也不能夠——替我們打理。這個花園之所以存在，是因為我們可以對它做出回應，我們可以為它承擔責任。我們的責任在於注意到它的多樣性和獨立可辨的特徵。我們要給動物命名，將它們區分開來。這個花園並不是一個自動為我們提供食物的機械裝置。我們也不是機器般的存在，不受外部驅動並由內部決定命運。根據這個神話，上帝確實賦予我們生命，但為了繼續活下去，我們必須自己呼吸。

然而，對花園負有責任並不意味著我們可以將大自然變成花園，就像它是一件我們可以占有的作品一樣。花園不是我們擁有的東西，我們也不是站在其上像神一樣統治它。花園是一種創作，一種接納多樣性的能力，一種洞察差異的眼界，它總是引導我們創造差異。詩人愉悅地承受不同，不去削減、解釋或占有任何事物。

我們默默地站在天才面前。我們無法言說天才，只能如天才般言說。然而，即便我以天才的身份言說，我也不能代表天才發言。我不能在自己的劇本中賦予自然聲音。我不能在自己的劇本中給予他人聲音，同時又否定他們自身的本源和獨創性。這樣做就是停止對他者的回應，停止對他者負責。沒有任何人和事物屬於我的劇本。

大自然無家可歸、對人類存在的徹底漠然，向無限遊戲的參與者揭示了大自然是傳奇的天才。

第七章

Chapter 7

神話引發了解釋，但不接受其中的任何解釋

94

神話引發了解釋，但不接受其中的任何解釋。當解釋將不可言說之物納入可言說之中時，神話重新引入使原創論述成爲可能的沉默。

解釋建立了秩序和可預測性的島嶼，甚至是大陸。但這些區域最初是由冒險者——他們的生活是一篇篇探索和冒險的敍事——勾勒描摹而成。他們藉由神話般的旅程，進入無路可尋的開放空間，才發現了這些島嶼和大陸。後來，當那些不那麼愛冒險的定居者到來，試圖處理瑣事並馴化這些空間時，他們很容易忽略所有這些確鑿知識並沒有消除神話，而是漂浮於神話之上。

哥白尼（Nicolaus Copernicus）的發現無疑是非常偉大的，因爲它向上天投射了一種秩序，至今沒有人能夠成功挑戰。當時很多人以爲，時至今日仍有些人至今認爲，這個偉大的宣言陳述驅散了神話曾使人類深陷遲滯黑暗的迷霧。然而，哥白尼所驅散的不是神話，而是其他的解釋。神話存在於他方。爲了看清神話在哪裡，我們不應該只看哥白尼著作中的事實；是要尋找他在陳述這些事實時所蘊含的故事。知識是成功的解釋所帶來的結果；然而，引領我們前進的思考，卻是純粹的故事。

哥白尼是一個旅行者，他用一百雙眼睛勇敢地重新審視所有熟悉的事物，希望能夠有新的眼界。在這段描述中，我們聽到的是古老的傳說、一個孤獨的漫遊者、一位爲了追求驚喜而不惜冒險的外來朝聖者。的確，在某個時刻，哥白尼停下來觀察，並可能以一位界定有限事實的大師玩家之姿結束了他的旅程。但哥白尼生命中最深刻的迴響，是使知識變得可能的旅程，而不是使旅程成功的知識。

從不同領域思想家爲了更高洞見而勇敢重新審視熟悉事物所表現出的膽識中，我們可以看出這個神話並不接受它引發的解釋。實際上，一個文化的活力並不是取決於這些思想家發現知識新大陸的頻率，而是取決於他們出發去尋求這些知識大陸的頻率。

一個文化的力量，無法超越它最強大的神話。

95

當一個故事僅僅是爲了故事本身而被反覆講述時，它就成爲了神話。如果我講述一個故事是爲了支持某個論點或者取悅觀衆，那我就不是爲了故事本身而講。爲了故事本身而講，意味著無其他原因，僅僅因爲它是一個故事。偉大的故事具有這個特點：傾聽並學習它們，就是成爲它們的講述者。

我們第一次聽到一個故事的反應就是想要自己講述它——故事愈偉大，渴望就愈強烈。我們會花費相當多的時間和承受種種不便以安排一個重新講述的場合。好像故事本身正在尋找重現的機會，利用我們作爲它的代理人。我們不是爲了自己而主動去尋找故事；相反地，是故事找到了我們自己。

偉大的故事無法被觀察，就像無限遊戲無法有觀衆一樣。一旦我聽到這個故事，我就進入了它自己的維度。我棲身於它的時空。因此，我不是用我的經驗來理解故事，而是用故事來理解我的經驗。那些具有神話般持久力量的故事，透過經驗觸動我們每個人內心的天才。但經驗是這種創造性觸動的結果，而不是原因。事實上，情況就是如此，我們甚至可以說，如果我們無法講述發生在自己身上的故事，那就沒有任何事情發生在我們身上。

並不是佛洛伊德的無意識理論引導他去研究伊底帕斯，而是伊底帕斯神話塑造了他傾聽病人的方式。他寫道：「本能論（theory of instincts）可以說是我們的神話學。」隨之而來的無意識理論、超我和自我也是如此。這是一種具有詩意力量的神話，它不僅改變了我們理解經驗的方式，還改變了我們的經驗本身。我們之中有誰不曾苦於自我的危機、困於不愉快的情感困擾，或更多元型態的性慾特質（embodied sexuality）而感到焦慮退縮呢？不是冷靜客觀的科學家佛洛伊德描述了這些經歷，而是神話般的夢想家佛洛伊德使其成爲可能。

正如神話使個人經驗成爲可能，它們也使集體經驗成爲可能。整個文明故事——也只能崛起自故事。猶太人的歷史經驗並不是使《摩西五經》（*The Torah*）具有意義的原因。《摩西五經》並不僅僅是對地球創造和早期猶太人生活的描述，就像本能論也不僅僅是對二十世紀初維也納幾個資產階級的心理的描述一樣。《摩西五經》不是猶太人的故事；它使猶太教成爲一個故事。

我們講述神話是爲了神話本身，因爲它們是堅持成爲故事並堅持被講述的故事。我們因它們的觸動而變得生動。

無論我們多麼地將它們視爲某種惰性的詩篇，並賦予它們形而上的意義，它們都會因爲憑藉自身的活力而東山再起。當我們深入一個故事尋找其意義時，我們所發現的總是我們帶來並用以觀察的意義。

神話就像文化花園中的魔法樹。它們不是在大自然的寂靜土地上生長，而是從其中萌發。我們愈是強摘這些樹的果實或修剪它們以適應我們偏好的樣子，它們就愈是軒昂而豐饒。

爲了神話本身而講述的神話，不是有意義的故事，而是賦予意義的故事。

96

當說書人開始相信自己掌握了一群人的完整故事時，他們就變成了形上學家或意識形態學家。這是劇場化的歷史，開端和結尾都一目了然。一個試圖在患者身上尋找佛洛伊德式神話的精神分析師會強加一個濾鏡，只讓精神分析師預先準備好的東西穿透。

只有當患者和治療師都認識到，佛洛伊德式的神話並不能決定他們之間所發生事情的意義，而只是提供了一種可能性，使他們的關係擁有自己的故事時，心理治療關係才能勢均力敵。

因此，佛洛伊德式的神話不是在他們的關係中重複，而是在其中共鳴。那些聲稱擁有聖經應許之地的猶太人，以及那些相信俄羅斯人就是聖經末日預言中的邪惡大軍的基督徒，他們重複了聖經，但沒有與之共鳴。

當神話在我們內心迴響時，我們才與之共鳴。當神話的聲音在我之中被聆聽，但並非作爲我被聆聽時，它才在我之中迴響。當我引用耶利米（Jeremiah）或以耶利米的角色發言時，我並不會共鳴，只有當耶利米以一種觸動我內心原初聲音的方式說話時，我才會共鳴。紐約人的言談之所以引起共鳴，不是因爲他們說話像紐約人，而是因爲當他們說話時，我們從他們的聲音中聽見了紐約。

神話的共鳴消弭了這兩者的明顯區別：一個人講給另一個人的故事，以及他們講述和聆聽的故事。你講述穆罕默德的故事是一回事，我講述關於你向我講述穆罕默德的故事又是另一回事。通常我們認爲故事等同於說話者的言語。但這樣做，我們就將它看作是一個被引述的故事，而不是被講述的故事。在你講述而不是復述穆罕默德的故事時，我被觸動了，並以我的天才回應。有什麼已然開始。但在觸動我的同時，你也被觸動了。我們之間有什麼正在發生。我們的關係傳奇性地向前開展。由於這個傳奇源自講述穆罕默德的故事，我們的故事與穆罕默德的故事產生共鳴，而穆罕默德的故事也與我們的故事產生共鳴。

當神話被講述，並在講述中持續迴響時，它們來到我們面前時已經飽含豐沛的共鳴。神話所講述的故事，與人們講述神話的過程，兩者間有著深刻的共振。作爲故事，它們的力量在於能夠邀請我們參與他們的傳奇。這齣傳奇包含了所有聲音的歷史，這些聲音自我們文化中的無數個源頭傳出並迴盪。因此，神話在很大程度上是懸而未決的——但這種未決是無限遊戲式的，它具有規則或敍述結構，允許任意數量的參與者在任何時候進入傳奇，而不會安排固定情節，或在最後一幕終結。在這樣的故事中，會談到結束或死亡，但是故事的講述總會揭示死亡如何降臨在遊戲過程中，而非遊戲結束時。

97

產生不可抑制共鳴的那些神話，已失去了作者的痕跡。即使一些神聖的經文是由可辨認的先知或福音傳道者書寫下來的，人們仍普遍認爲這些話語先是對他們的記錄者所說的，而不是由記錄者所說出。摩西接受了律法，而不是創作它。穆罕默德聽到了古蘭經，而不是口述古蘭經。基督徒不是讀馬可福音，而是聽馬可所傳的福音。印度教徒認爲其最權威的經典《吠陀經》（*Vedas*）是被聽見的，而相關衍生的文獻是被譜寫的。

福音只能從那些聽到過的人那裡聽到。雖然我可能從你的聲音中捕捉到紐約，但我不可能單獨地聽到紐約本身。因此，神話不是獨立存在的；它也沒有可追溯的起源。我們如何知曉第一個紐約人是誰呢？即使先知聽到的是神之聲，那也是一個用先知的語言和語氣說話的神，並不是局限於規範嚴謹的神聖語句，好像那神的言語本身就是一種傾聽的形式。

的確，神話是我們相互傾聽的最高形式，神話提供了一種靜默，讓他人得以言說。這就是爲什麼宗教更加重視傾聽而不是言說。保羅：「信仰源於傾聽。」（《羅馬書》第十章十七節）。

98

共鳴的反義是擴大。合唱是衆聲共鳴的統一表達；擴音器（loudspeaker）則擴大單一聲音，蓋過其他聲音。鐘聲令人共鳴，炮聲則擴大自己。我們傾聽鐘聲，但卻懾於炮聲。

當某個單一的聲音被充分擴大時，它會成爲一種讓其他聲音無法被聽到的言說方式。我們聆聽擴音器不是爲了其中的內容，而是因爲那是唯一被說出來的聲音。權威的言論卽是被擴大的言論；它是一種噤聲的言論。大聲說話是一種命令的方式，因此它是一種旨在盡可能徹底且迅速地終結自身的言論。擴大的聲音尋求聽衆的服從，並迅速終止他們的言說。與擴音器對話是不可能的。

意識形態是神話的擴大。它假定歷史的起點和終點都已知，因此無須多言。歷史只能順從地根據意識形態來演繹。正如歐洲的戰爭製造者經常熔化銅鐘以重鑄爲大炮一樣，形上學家也找到了神話的意義，並在沒有敍事共鳴的情況下宣布了這些意義。神話如今現在被視爲謬誤或奇聞，因此卽使不被禁止，也應當予以忽視。

意識形態主義者所要隱藏的是歷史的合唱本質，卽歷史是由截然不同、甚至對立的聲音所組成的交響樂，然而每一個聲音都使另一個聲音成爲可能。

99

如果神話確實引發解釋，那麼解釋的最終目標也確實是消除神話。不僅僅是因爲歐洲的教堂和市政廳裡有足夠的銅鐘可以用來鑄造新的大炮；更是因爲鑄造大炮是爲了消弭鐘聲。這是有限遊戲最高形式的矛盾：以這樣一種形式進行遊戲，從而消除對遊戲的一切需求。

擴音器成功地壓制了所有其他聲音，因此消除了一切對話的可能性，它本身卻沒有被傾聽，從而失去了自己的聲音，淪爲純粹的噪音。每當我們成功成爲唯一的發言人時，實際上就沒有眞正的發言人了。凱撒最初在羅馬尋求權力，是因爲他熱衷於共和國常見的那種非常危險的政治遊戲；但他玩得太好了，摧毀了所有的對手，使他再也找不到眞正危險的對手，無法進行眞正危險的戰鬥。他無法做他尋求權力所爲之事。他的話如今是不可抗拒的，因此他無法與任何人交談，他徹底孤立了。「我們幾乎可以說這個人是在自尋暗殺。」【塞姆（Sir Ronald Syme），公元一九〇三至一九八九年，英國歷史學家。】

如果我們說所有的解釋都是爲了噤聲神話自身，那麼由此可以推斷，每當我們發現人們對解釋和意識形態深信不疑，每當遊戲變得像戰爭那樣嚴肅時，我們會發現人們深受那些他們無法忘記自己已經遺忘的神話所困擾。那些無法被遺忘的神話與沉默的弔詭如此契合，成爲我們的思想、甚至文化和文明的源泉。

這些神話我們可以輕易發現和命名，但其意義卻始終難以捉摸。我們試圖將這些神話轉化爲眞理，卻永遠無法用形上學的詮釋之沙塡滿其繞樑之鐘。這些往往是非常簡單的故事。亞伯拉罕就是一個例子。儘管亞伯拉罕在他漫長的一生中只有兩個孩子，其中一個還是非婚生子，但他被承諾過他的後裔將多如天上繁星。西方三大宗教都認爲自己是亞伯拉罕的子孫，儘管每個宗教通常都自認是那位祖先的唯一和最後的家族，但這種理解總受到這句響亮的話語的威脅：「多如天上繁星」[17]。這是一個關於有著無盡未來之神話；它沒有結局。這是一個飽含視野的神話。

佛陀的開悟神話也存在著同樣的弔詭，同樣激發解釋，卻又同樣難以蓋棺定論。這個故事講述了一介凡人，在沒有任何神的幫助下，成功進行了一場尋求解脫的精神探

17編註：典出《創世紀》第十五章第五節，此處作者乃是延伸詮釋，原文為：耶和華把他帶到外面，說：「你向天觀看，如果你能數清星辰，就去數吧！」又對他說：「你的後裔也必如此眾多。」

索，祂從一切中解脫，包括向他人報告這個解脫的必要。這一事件有著完美的不可言說特質，故催生了大量的文學作品，涉及數十種語言，而這種趨勢並無減弱跡象。

也許基督教神話是最能擾亂意識形態思維的敘事。它就像亞伯拉罕和佛陀的神話一樣，是一個非常簡單的故事：神藉由成爲我們中的一員來傾聽。這是一個被「清空」神性的神，放棄了一切指揮言辭的特權，「與我們同住」，來到這個世界上「不是爲了受人服侍，而是爲了服侍」，「成爲衆人的一切」。但他來到的世界，並沒有接納他。毫無疑問，他們無疑更喜歡一個發號施令的神、一個指揮若定的偶像，一個符合他們有限設計的劇場化形象。他們沒有預期一個無限的傾聽者，欣喜地接受將他們的迥異，以奇蹟般的靜默賦予他們自己的聲音，這是一種療癒和神聖的隱喻，讓一切仍有待言說。

那些對自己神話的共鳴充耳不聞的基督徒，驅使著殺戮的機器穿越歷史的花園，但他們並沒有殺死神話。那被他們塑造成復仇工具的、「清空的」空虛神性，不斷以憂患之子（Man of Sorrows）的形態回歸，帶來未完成的故事，恢復那些被噤聲者的聲音。

100

耶穌的神話是典範，但並非必要。沒有任何神話是必要的。沒有任何故事非講述不可。故事並沒有某人需要揭示的眞理，或某人需要聽到的眞理。耶穌神話的一部分就是，它使自身變得不必要；它是道成肉身，語言進入歷史的敍事；是道成肉身並死去，歷史進入語言的敍事。聽聞耶穌神話的人無法超越歷史，說出關於歷史的永恆眞理。

對無限遊戲玩家來說，成爲基督徒並非必要；事實上，他們不可能嚴肅地成爲基督徒。同樣地，他們也不可能嚴肅地成爲佛教徒、穆斯林、無神論者或紐約人。所有這些頭銜只能是有趣的抽象，只是爲了歡笑而進行的演出。

無限遊戲玩家不是任何故事中的嚴肅演員，而是一個快樂詩人，持續創造他們無法完成的故事。

101

無限遊戲只有一個。

譯後記 afterword

有點叛逆才好玩

葉家興（本書譯者、香港中文大學金融學系副教授）

儘管「賽局理論」不是我的專業領域，但在教學研究、著作和譯作中都沒少用到賽局的方法、概念與應用，因此初次接觸到這本書時，自然而然以爲又是一本「賽局理論」框架的作品：裡面有玩家（players）、策略互動（strategic moves）、報酬（payoff），然後用經濟學方法理性計算各玩家的最佳策略。之後還有現實世界裡各種「賽局」的應用，如「囚犯難題」、「膽小鬼賽局」……等等。

我錯了！

本書作者跳脫了馮紐曼（John von Neumann）以降，近百年來經濟學理性計算的賽局框架，將讀者帶入了千年以來人類更宏大的歷史、戰爭、社會、文化、藝術、權力、性愛、疾病、自然、機器、花園、宗教、神話等的種種賽局之中。

原書使用的 Games 直譯中文爲「遊戲」，不過 Games 在英文語境裡有更廣的含意，除了經濟學的賽局、世事人生的棋局外，通常也指各種競技比賽、包括田徑、球類運動，以及各種職業運動比賽等。但在中文裡，我們很少會看到「高爾夫遊戲」、「NFL美式足球遊戲」、「MLB職業棒球遊戲」或「NBA職業籃球遊戲」的用法。當然，文字的語境不斷演化，當代哲學大師維根斯坦（Ludwig Wittgenstein）常把語言與遊戲作爲對照，而美國哲學家舒茲(Bernard Suits)在近著《蚱蜢：遊戲、生命與烏托邦》(*The Grasshopper: Games, Life, and Utopia*）更專對「遊戲」定義做翻案文章。或許「遊戲」二字在中文語境裡的含意會更開闊，「人生如戲劇」也不妨說成「人生如遊戲」了。

何況隨著更多電子遊戲的開發，從傳統「競技型」的競速、運動、格鬥遊戲，到「劇本式」的角色扮演遊戲，再到更開放結局、接近「元宇宙」（metaverse）概念的遊戲也逐漸誕生。如《當個創世神》（*Minecraft*）之類的遊戲中，不一定有終局，也有著無限可能，端看玩家怎麼定義規則怎麼玩。由於這些自由無邊界的、開放想像的可能性不斷擴大，無限玩家創造作品的空間更大，不再限於傳統所認定的詩歌、音樂、繪畫、戲劇等藝術與文化的範疇。

而筆者於翻譯、玩味本作過程中，也不禁聯想到以棋局對應遊戲之概念。以棋局比喻世事，比喻人生，在中文語境裡有千年以上的歷史。如公元二一七年，三國時曹植〈王仲宣誄〉：「棋局逞巧，博弈惟賢。」又如元年，唐代杜甫《秋興八首．其四》：「聞道長安似弈棋，百年世事不勝悲。」再如宋代（公元十至十三世紀）僧志文《西閣》：「年光似鳥翩翩過，世事如棋局局新。」

中文裡的棋局，既是象棋圍棋的棋盤遊戲，也是興衰起落的人生世事。同樣地，英文裡的Games，也不僅是經濟學家分析的有限賽局，更有作者詹姆斯．卡斯（James P.

Carse）所看見的無限棋局。例如，十七世紀荷蘭畫家林布蘭（Rembrandt）的自畫像、一七八八年莫札特的《朱比特交響曲》（*Jupiter Symphony*，C大調第四十一號，作品K.551）、甚至公元前四百多年希臘神話中的伊底帕斯（Oedipus）故事，都是人類文化、藝術、神話裡不可重複但又邀請後世不斷再創作的原創瑰寶，這些都是無限棋局的例子。

卡斯認爲，世事棋局，至少兩種。一種是有限棋局，一種是無限棋局。有限棋局以取勝爲目的，無限棋局以延續棋局爲目的。朝代、國家、社會就像個有限棋局，有贏家有輸家，有開始但不免也有結束。而文化、藝術、神話就像無限棋局，在新玩家不斷加入的過程中，不斷自我延續，在不同時代的不同人群以不同語言締造新靈感與新作品，在改造中煥發新的生命力。除了他在書中提到的西方例子外，中國幾千年信史的文明中，也傳頌著許多不斷被後人改寫再造的作品，例如《三國演義》、《西遊記》、《水滸傳》、《紅樓夢》四大名著。當然也有李白、蘇東坡等典型的無限棋局玩家。他們的作品被後人反覆玩味，在與後人的跨時空對話中，不斷產生新作。

相較有限棋局的贏家在贏得頭銜的過程中消耗時間（consume time），無限棋局則有重新定義時間的力量。無限棋局的玩家並不是消耗時間，而是創造時間（generate time）。因此，肉身的死亡對無限玩家並不是那麼影響重大。

在作者眼中，有限棋局的玩家像是活在劇本裡（theatrical），在邊界內按照規則扮演規定的角色，爲輸贏奔波。然而贏家是少數，劇本裡主角有限，絕大多數人都是配角。但無限棋局的玩家則活成傳奇（dramatic），他們是他們自己的天才，在自己的無限棋局裡扮演主角。他們探索邊界本身的修正與改變，時不時跨越邊界，並在需要時修改規則（使棋局得以延續）。因此，有限玩家戰戰兢兢，他們是嚴肅的（serious），對棋局的不確定性感到恐懼。然而無限玩家自得其樂，他們享受無限棋局，在棋局中感到好玩（playful）、自由，也對結果保持開放的態度。無限玩家心態放鬆，面對世事棋局有種從容不迫的鬆弛感。用流行的話來形容，他們很 chill。

譯作期間，驚聞「賽局高手」巫和懋因病在台北仙逝。作爲巫老師一九九三年放棄美國終身教職返台後的第一批碩士班學生之一，深刻感受老師遊走於有限遊戲與無限遊戲場域的從容不迫。他在學術研究及指導學生的過程中，像個戰戰兢兢的有限玩家，永遠以最嚴謹的態度催促學生做最好的研究，邁向更頂尖的學府，發表更出色的論文，成爲更卓越的學者。因爲學術圈是競爭激烈的有限遊戲，必須理性計算，嚴肅以對。受此嚴格薰陶，他的不少學生取得了世界一流大學的博士學位甚至終身教職。但另一方面，老師的人生與教學過程中像是自得其樂的無限玩家，永遠帶著令人如沐春風的招牌笑容。他輾轉任教美國、台灣、大陸的多所名校，時雨春風，培育了許多年輕學子，滋潤他們生生不息，永無止盡的旺盛生命。因此，巫老師學術人生的有限遊戲雖然結束，但他的哲學人生的無限遊戲則仍持續前進，因爲許多學生都在接續他的精神典範，百年樹人，啟迪一代一代年輕的美麗心靈，對未來無限開放。

總之，感謝作者抽絲剝繭的洞見，讓我們明白了有限棋局與無限棋局的諸種差異，也對我們生活有了重要啟發。雖然每個人都綁在各種世俗瑣事的有限棋局規則當中，甚至我們都可能必須按照預擬「劇本」成爲母親或父親（有限玩家），但詹姆斯・卡斯提醒我們，世上還有各個領域無限棋局的開放空間，即使成爲人母或人父，我們也可以選擇「傳奇地」扮演母親或父親的角色（無限玩家）。如果找到值得我們大展身手的無限遊戲，那麼在優先順序上，我們一定總是選擇無限遊戲。因爲，有限遊戲在邊界內玩，高度內捲，充滿壓力；無限遊戲卻是與邊界共舞，隨手而爲，輕鬆瀟灑。感謝詹姆斯·卡斯給我們的鼓勵：找到適當的場域，發揮自己的天才，開創邊界，和規則玩。畢竟，有點叛逆更好玩。

推薦文
Review

在有限的人生中，敢於做無限的夢

許立宏（國立臺灣體育運動大學教授兼通識教育中心主任、英國里茲大學哲學所博士）

Dream Big!

這是筆者拜讀本書之後立即聯想幾年前到荷蘭的一所大學參訪時，在校園所看到的slogan！當時我很好奇，一間剛升格不久的大學居然會用這個口號來激勵全校師生。與該校的教職員交流後，我恍然大悟並得出一個結論：

「人生一定要有夢想，每個個體都是在這世界上唯一無二的，有夢一定要大聲說出來，才會有實踐的可能性。」

這樣的價值觀似乎與我們東亞社會中，特別是華人的傳統價值觀有一些出入：如「做人做事要踏實、要一步一腳印、不要好高騖遠、凡事莫須強出頭、一切低調運作事務較好等價值觀或人生處事原則……」。的確，這些觀念在華人傳統社會當中有其道理，但經過人生歷練後，筆者發現這樣的價值觀似乎也出現了一些盲點。若以高強度競技運動賽事的選手角度來看，一定會與其遠大目標產生矛盾的價值觀衝突——難道我只能局限在「有限的遊戲競賽中」而無法大膽或勇敢做夢嗎？

本書作者提到：「有限遊戲以取勝爲目的，無限遊戲以延續遊戲爲目的。」有限遊戲包括在無限遊戲裡。而在無限遊戲中，人們選擇保持開放、向著天際、向著驚喜的方向，這些無法由劇本所安排。如果我們對未來有所保護，我們就會建立起邊界，不再與他人遊戲，而是與他人對抗。

本書作者也特別強調：有限遊戲可能會帶來財富和地位、權力和榮耀，但無限遊戲會提供更微妙、更宏偉的東西。「有限／無限遊戲」概念被廣泛應用在人生探索、自我成長與商業策略上。例如：商業巨頭之爭，如果只想著如何打敗對手，爭取更高的市占率，是有限賽局思維；但假若領導者具有「無限思維」，想著如何推動創新理念、幫助他人學習，就能帶領企業走的更遠。也有企業家將「有限／無限賽局」視爲「微觀」用戶與「宏觀」企業的對比。

遊戲理論在運動哲學的研究中最常引用的學者是荷蘭的語言與人類歷史學家懷金格（Johan Huizinga，一八七二年至一九四五年），在他的的經典著作《遊戲人》（*Homo Ludens*）中，特別強調人類的文明的起源與進展皆是來自遊戲。不論是嚴肅的遊戲（如戰爭），或是輕鬆愉快的遊戲（如周末的一場足球賽），乃至科技、園藝與現代建築的發展，都與人類的遊戲態度有著莫大關聯。

而在懷金格之後最重要的遊戲理論學者，便是加拿大哲學家舒茲（Bernard Suits，一九二五年至二〇〇七年），在其經典作品《蚱蜢：遊戲、生命與烏托邦》（*The Grasshopper: Games, Life and Utopia*）中，也特別強調人類（特別是運動員）存在的最高理想境界應該是強調 playing games。當然，舒茲所指出的是有規則性的封閉性「有限遊戲」，而非詹姆斯．卡斯（James P. Carse）所謂的「無限遊戲」。

在我看來，懷金格的思想比較偏向「無限遊戲」的概念，也就是偏向文化或文明的演進，人類歷史進程是不斷地演化與發展；舒茲則是要表達一種烏托邦的理念，強調人生若能以遊戲心態去參與自己所喜歡的比賽，那會是一種「美麗甚或美妙」的烏托邦境界。兩者其實並不衝突，因爲前者是人類文化及文明的演進過程，但必須留意不能過度地以「嚴肅性」的態度去運作，否則將會一發不可收拾，如過去的世界大戰與現在烏俄與以巴戰爭；而後者則是強調盡情享受當下所自願參與的遊戲，進而產生一種「自我實踐或滿足」的感受。兩者的參與者都帶有一種嬉戲的（playful）開放情境與態度（attitude）來運作。

本書的確顛覆了許多華人的傳統思維，或許人一出生本就是「一場遊戲一場夢」，甚或是一場「豪賭」，但所有人類的誕生，除了繼續邁向命定的死亡過程外（無人可長生不老），不就是一場帶有「不確定性」的遊戲嗎？

無限遊戲的概念或價值觀讓我們了解到在有限生命中，我們的夢想與潛能有更寬廣的揮灑「空間」，即使人生不如意十之八九，但這樣的價值觀或許更值得在華人的社會中擴展開來，生命總有盡頭，但若時時帶著「無限遊戲」的心態活過人生，或許到頭來就可以對自己的人生有個重要交代——即是「無憾！」。例如，蘋果公司（Apple）創辦人賈伯斯（Steve Jobs）總是帶著「無限遊戲」思維在「玩」（開創）他的事業、當代電動車的商業鉅子馬斯克（Elon Musk）的相關商業發想，都與他們所採取跳出框架（jump out of box）的「無限遊戲」思維拖不了關係。因爲他們不會被局限在他人或社會所限制的框架或遊戲規則內在「玩遊戲」（playing games）。因爲在無限遊戲內是可以隨時進入與離開、且邊界是流動不固定的。

閱讀全書，我感受到兩種力量相互拉扯，亦即「命定論」與「命運開創者」。一般人慣於選擇相對安逸的舒適圈，所以會隨著環境的造化去適應生存；但也有少數人（通常會洞察先機）會想要主動去改變自身的命運。大疫期間，許多人可能會對命運產生無力感，但也有人在有限環境中力求生存與改變。後者自然面臨更多的挑戰，但我想這也是開展無限「生機」的契機。

這本書的確值得推薦給對生活和被職場卡住的人，人生當中難免會遇到許多重大的關鍵事件讓我們被迫需要做一些重要決定，本書讓我們體會到，許多看似有限遊戲的賽局，我們也還擁有改變自身命運的機會，重點是，你願不願意一試？

或許本書可帶領你我產出不同的認知與行動方案！

國家圖書館出版品預行編目資料

有限遊戲與無限遊戲：從遊戲與變幻透視人生/詹姆斯.卡
葉家興譯. -- 初版. -- 臺北市：大塊文化出版股份有限公
司, 2024.06
192面；14.8×20公分. -- (walk；33)
譯自：Finite and infinite games : a vision of life as play and
possibility
ISBN 978-626-7483-01-5(平裝)
1.CST: 人生哲學
191.9　　　　113005392